浮気とは「午前4時の赤信号」である。

幸せな結婚と恋愛のリアル法則

すずきB　ワニ・プラス

浮気とは「午前4時の赤信号」である。

幸せな結婚と恋愛のリアル法則

はじめに

飼い主のあなたが慌てないために〝オス犬の生態〟を知っておきましょう

2016年は史上空前の「浮気」&「不倫」の年でした。

ご存知、1月のベッキー&ゲス極《きわ》・川谷〝不倫〟に始まり、狩野英孝《かのうえいこう》6股〝浮気〟。

2月は宮崎謙介元衆議院議員が続き、その後も、桂文枝、石井竜也、乙武洋匡《おとたけひろただ》、とにかく明るい安村、などなど、不倫報道の勢いは止まりません。

6月、ファンキー加藤&アンタッチャブル柴田の元妻という衝撃不倫が飛び出すと、三遊亭円楽のラブホ不倫も話題となりました。

そして8月には、小倉優子さんの夫が、奥さんの妊娠中、彼女の所属する事務所の後輩タレントと不倫。

それを受けて〝不倫は文化〟の石田純一さんが、
「妊娠中の不倫はルール違反」的な発言をし、
「妊娠中じゃなきゃいいの?」などと物議をかもしました。
妊娠中だろうと、そうじゃなかろうと、どんな状況でも不倫はダメです。
「倫《みち》(人が守るべき道)にあらず」と書いて「不倫」。
つまりは、人がしちゃいけないこと、なのでありますから。

しかしですよ、血液中のブドウ糖濃度が高い「糖尿病」の人がいるように、
男の中には、血中〝浮気〟濃度が高い「浮気性」の男がいます。
血中〝浮気〟濃度が高い〝既婚者〟のことを、
世間的には「浮気夫」などと呼ぶでしょう。
そして、そんな「浮気夫」をさらに分類すると、
救いようがない、離婚に至るクソな「ダメ不倫夫」と、
まだ救いのある、離婚には至らないところがミソの「浮気おじさん」の、
2種類が生息していることを、世の女性たちは意外と知りません。

僭越《せんえつ》ながら、僕を含む「浮気おじさん」たちは、

「ダメ不倫夫」と一緒くたにされることを、この世のどんなことよりも悲しみます。

「クソとミソを一緒にしないで！」と。

そこで、結婚19年目を迎え、今日まで離婚せずにこれた二児の父でもあるこの僕が、世の「浮気おじさん」を代表して、
いま立ち上がります！……誰にも頼まれてないのに（笑）。

過去の浮気を、あらゆる手を尽くして言い訳し、全力で擁護し、
逆にこの世のダメな浮気を（生意気にも）斬りながら、
浮気を通じて学んだ「恋とは、結婚とは何ぞや？」を語らせていただきます。
ただし、僕が〝鬼〟と恐れる妻に敬意を表しつつ。
というのも、我々「浮気おじさん」の浮気は、
〝家庭〟があればこその大人の嗜《たしな》みであり、
〝鬼〟がいてこそ楽しい〝レジャー〟であると、
結婚19年目にしてやっと、わかってきたからです。

「サーティワン」のアイスは、
1ヶ月間、毎日違う味が食べられるよう、
「31」種類のアイスを用意したことから始まりました。
あなたは、いろんな味を試したうえで「やっぱりバニラが一番」と、
最初に好きだった味に戻ったこと、ありますよね？
他を味見したからこそ、バニラが余計に好きになること、ありますよね？
それと同様、
浮気によって逆に強まる
「男女の絆」「夫婦の結束力」というのがあるのだと、
「サーティワン」のポッピングシャワーが口で弾けるように気づかされたからです。

これから結婚する独身のあなたにとっても、
すでに結婚している既婚のあなたにとっても、
「男の浮気」というのは、目を背けてはならない〝永遠のテーマ〟です。

男はオス犬です。
倫＝「人の道」から外れることも、たまにあります。
この本は、オス犬が書いた〝男という犬〟の「飼い方マニュアル」とも言えます。
犬の飼い方マニュアルなんて読まなくても、
マメに餌をあげ散歩さえしていれば、犬は元気に育ち、なつくでしょう。
しかし、ある時その忠犬が、突然あなたに噛みついたら、あなたは慌てるでしょう。
「こんなに愛情を注いできたのに！」とパニックに陥るでしょう。

〝男という犬〟は、突然、噛んだりします（浮気します）。
それは、しつけが悪いわけでも、あなたのせいでもありません。
〝男という犬〟は、元来、噛む（浮気する）生き物なのです。
噛む（浮気）という生態を知ったうえで飼ってる飼い主と、
噛むとは知らずに飼ってる飼い主とでは、
噛まれた時、対応の冷静さが違ってきて当然ですよね。

この本では、「男がなぜ浮気するのか？」「どう対処したら幸せになれるか？」、
その謎がついに明らかになります！

私のカレや夫は〝噛まない犬〟と信じてるあなたは、この本を読む必要はありません。
ただし、いつか噛まれたとき後悔するでしょう。
「読んでおけばよかった」と、泣き崩れるでしょう。
浮気され「〝飼い犬に手を噛まれる〟とはこのことよ！」と怒っても遅いのです。
飼い主のあなたまで、犬になってしまいますよ。
ムダに別れを迎え、〝犬死に〟しないためにも、ぜひ読んでおいてください。
〝負け犬の遠吠え〟なんて、もう誰も聞いてくれませんから（笑）。

目次

第2章 浮気男の心理を読んでこう対処するのが正解 83

第3章 男の浮気はこんなメカニズムになっている

第1章

幸せな「結婚の法則」は浮気で見えてくる

理想の結婚とは「離婚しない」結婚である

僕が尊敬する、女医でタレントの西川史子先生が離婚した。離婚の理由について彼女は、「私が結婚生活のハードルを上げてしまったから」と言っていた。曰《いわ》く、〝妻は家で手料理を作り、夫は帰宅しそれを食べるもの〟など、「結婚の理想像」を描き、期待しすぎ、それにハマらなかったことを嘆いていた。

結婚したら夫婦は〝こうあるべき、こうありたい〟という理想と、実際結婚してみたら、なかなかそうはいかない現実。誰しも一度は、結婚してからその狭間で、悩む。

あんなにやさしかったのに、**冷たくなった。**

あんなに誠実だったのに、**ウソをつくようになった。**

あんなに私に一途だったのに、**女の影が……。**

あんなにラブラブだったのに、**ちっとも私を抱いてくれなくなった。**

あんなにカッコ良かったのに、**太ってハゲて、**見る影もない。

なんだそれ、である。結婚なんて、そんなもんだよと言いたい。そんなマイナス要素すら受け入れながら進んでいくのが結婚なんだと思う。「理想」という言葉を調べると「現実」の対語として生まれたとある。つまり、現実じゃないから理想とも言える。

芸能人がよく言う離婚の理由に「性格の不一致」というのがあるが、そもそも「性格」が「一致」してるものと思って結婚したことが、また、その期待感が、間違っている。男と女は他人同士。性格がピタリと一致してる男女なんているわけがない。「性の不一致」のほうが、まだわかる（笑）。「私たち、エッチの趣味が違いすぎて……」そんな会見聞いたことないが、まだそのほうが素直だと思う。

結婚はそもそも性格が一致しない赤の他人同士でするもの、という前提のほうが健全だ。ロマンチックじゃないけど、そう思ったほうが離婚しにくい。ロマンも大事だが、結婚においてはロマン溢《あふ》れる結婚よりも、**離婚しない結婚**のほうが偉い。離婚前提の結婚なんて、あってはいけないのだから。

僕の考えは、おそらく古臭い。それは、僕の母親、ヒデコ（でぶ）の教えのせいだ。

ヒデコは遠州弁（僕の故郷である静岡西部の方言）で、よく言っていた。

「離婚しちゃー終わりだでね、離婚だけはしちゃいかん。**離婚は遺伝だで、お父さんは離婚の家系だで」**と。

離婚は遺伝!? 離婚の家系!?

ガンやハゲや近眼は遺伝が原因の1つというが、そこにはおそらく医学的根拠がある。家系というのもわかる。だが離婚が遺伝と家系とか、ヒデコ（でぶ）は、自分の旦那をつかまえて何を言ってるんだと思った。

しかしよくよく聞くと合点がいった。ヒデコ曰く、僕の父マサユキ（ハゲ）の親戚は、離婚してる家ばかり。マサユキの兄弟は、ほぼ全員、離婚してるか別居してる。マサユキの姉の家なんて、親も離婚して娘も姉妹揃って離婚してる。

一方、ヒデコ家系は、離婚してる家がない。離婚は遺伝……。もし、嫁いだ我が娘が「離婚したい」と言い出した時、離婚した親だと、「もう少し我慢しなさい」とか「こうしたらどう?」と娘をいさめにくい。アドバイスも説得力に欠ける。止めに入ったところで、娘に「お母さんたちだって離婚してるじゃん」と言われるのがオチだろう。

また、離婚してる家が親戚にあると、「あの家だって離婚してるし」と、なんだか離婚が普通に感じてしまうというのもあり、その家族の中では離婚に抵抗がなくなる、しやすくなる。それをヒデコ的に言うと「離婚は遺伝」「離婚は家系」ということになるのだと、あとで理解した。


離婚するとどれだけ大変かをヒデコに聞かされて育った。マサユキ側の〝離婚家系〟の血を引いてはならぬ、離婚はしちゃいけないとヒデコに叩きこまれた。

もちろん実際、世の中には、離婚したことによって逆に幸せになる人もいるし、離婚しないことで不幸から逃れられずに苦しんでる人もいるから、一概に「離婚＝悪いこと」とは言えないことも、十分理解はしている。

ただそれでも僕は、「理想の結婚って何ですか？」と聞かれたら、「離婚しない結婚」と答えてしまう。なぜなら、理想の結婚、理想の相手なんて、結果論でしか言えない。つまり、どんなにお似合いの夫婦でも、どんなに相性が良くて理想的なカップルでも、離婚した瞬間、理想のカップルじゃなかったことになる。

一方、周囲からは仲悪く見えていても、なんだかんだ言って続いていて、離婚せずに添い遂げられたら、それは結果的に理想の結婚、理想の相手だったと言える。ゆえに「理想の結婚」は「離婚しない結婚」なんだと思う。

僕の両親は、いつもケンカばかりしている。しかし「別れない」というだけで実は仲良し、理想の結婚なのだと思える。ヒデコはカツ丼を食べながら僕によく言った。

「夫婦喧嘩も栄養だでね……」

栄養？　僕はそれを聞いて、こう解釈している。

そもそも夫婦は、もともとまったく違う土。結婚というのは、まったく違う土地の、まったく違う土。結婚というのは、それを混ぜて1つの土壌にしていく作業。違う土地の違う土なのだから、成分がぶつかり合って当然。夫婦喧嘩や、ズレ、ぶつかり合いの摩擦こそが、**バクテリアが栄養を生む瞬間**。養分あっての肥沃《ひよく》な畑。そこに芽が出て、花が咲き、2人だけの実が成る。だから、結婚とは**「土と土を混ぜていく作業」**なのかなと。

結婚は「する」ものでなく「育てる」もの。「すれば幸せ」というものでなく、結婚した時点では未完結、まだ〝ゼロ〟。夫婦で土壌を耕し、育んでいくものだと思う。

そういえば西川史子先生は、離婚の理由を「カレが浮気したとかではない」とも発言していたが、世の中では「浮気」が原因で離婚する夫婦も多い。理想の結婚を目指すなら「浮気しない男」を探すのでなく、「夫の浮気」と付き合っていく方法を心得ておくといい。そのほうが「離婚しない結婚」＝「理想の結婚」をつかむことになるのだと思う。

つかむべき袋は「胃袋」より「タマ袋」より「ご祝儀袋」

映画『極道の妻《おんな》たち』に、こんなセリフがある。

「ええか、わてらの惚《ほ》れたはれたはタマの取り合いやで。あんたも極道の女やったら、腹くくって物言いや」

一度でいいから美女に自らのタマキンを奪い合ってもらいたい。と思っていたのだが、ここでいう「タマの取り合い」のタマは、睾丸《こうがん》ではなく、命（たま＝魂）。命を取るか取られるか、極道は恋愛も命がけ、という意味だとあとで知って恥ずかしかった。

ついでに言うと「あいつはそんなタマじゃない」と言うときのタマは、「あいつはそんなでかい睾丸じゃない」という意味のタマではない。その人の器、度量のこと。

僕の母ヒデコ（でぶ）も、なかなかのタマで、「男なんて、**タマ袋と胃袋さえつかんどきゃー、**給料袋もつかめるでね」と下品なことを言う。

たしかに僕の両親（ヒデコとマサユキ）は、よく喧嘩もしていたが、マサユキは完全に、ヒデコに「胃袋」も「給料袋」もつかまれていた。

ヒデコは、料理を作るのも食べるのも得意で、家族の料理を作りながらチョイチョイつまみ食いしているせいか、僕ら家族と一緒に食卓に座って食べるのを見た記憶がない。ずっと台所に立ち、できたら運び、次々と、揚げたて、焼きたて、炊きたてが出てきた。

マサユキもヒデコの美味しい手料理が楽しみだったのだろう。仕事が終わればまっすぐ家に帰り、お酒が大好きなのに、外で飲んで帰ってくることなどなかった。

マサユキは「胃袋」だけでなく「タマ袋」も、それなりにつかまれていたようで、浮いた話などなく、今の僕とは、顔はそっくりなのに性格は真逆だなと、鬼（僕の妻）によく言われる。

さて、そんな両親を見て育った僕は、鬼に「タマ袋」も「胃袋」もつかまれず、ただただ「給料袋」だけをつかまれ、それでもなぜか、気づけば結婚して19年近く続いているのはなぜだろう？

結婚式のスピーチの定番「3つの袋」の話。「胃袋」はたしかに大事。もし結婚したい相手ができたら、まずは胃袋をつかむのが近道だとよく言われる。

たとえば、「今晩、秋刀魚《さんま》の塩焼きが食べたい」と言って僕が出かけたとしよう。実家の母ヒデコは、特に言わなくても、秋刀魚には大根おろしと柚子《ゆず》かレモンなどの柑橘《かんきつ》類を添えてくれた。

晩ごはんなのだから、当然、メインの秋刀魚にいく前に、サラダやほうれん草のおひたし、酢の物、筑前煮などがあって、それで軽くビールでも飲んでると、いいタイミングでホクホクのごはんと味噌汁、美味しそうに皮目がパチパチはじけた焼きたての秋刀魚が出てくる。もちろん大根おろしと柑橘類を添えて。そんな流れが当たり前の環境で育った。

だが……。結婚し、相手の家のしきたりが違うと、食卓には、大根おろしも柑橘類もない秋刀魚と、ごはん、味噌汁がいきなり出てきて驚く。鬼を僕の実家に連れて行き、「うちは、こうだ」というのを何度となく見せても「それは、うちらが来たからカッコつけてんだろ」と鬼は信じない。

カレーもそうだ。実家でカレーライスの時、ヒデコは、カレーに合わせてやや水分少なめで硬めのごはんを炊き、福神漬けとらっきょうが当然のように添えられていた。せめて福神漬けからっきょう、どちらかがないとテンションが下がる。なのに、結婚してから鬼が作ったカレーには、福神漬けもらっきょうも添えられない。ごはんもべちゃべちゃ。

文句を言うと、**「うちは食堂じゃありません！」**と怒られ、泣きながら僕は1人コンビニに福神漬けとらっきょうを買いに行く。「腐るものじゃないから買っておいてよ」と言っても、「お前しか食べないから腐るし、お前はめったに家でごはん食べないだろ」というのが鬼の言い分で、買い置きしておいてくれない。福神漬けとらっきょうごときを。

料理を、僕の好みにしてくれない。「胃袋」も「タマ袋」もつかまれずして**「堪忍袋」が鍛えられる日々。**しかしながら、それもまた現実、それもまた結婚。

そういえば、先日、知り合いの結婚式があった。

朝起きると、それ用のスーツやネクタイと一緒に、ご祝儀袋が新札を入れた状態で用意されていた。鬼は字が上手く、宛て名なども書いてあった。もし独身だったら、朝、慌ててスーツを探してなかなか見つからず、コンビニに行ってご祝儀袋と筆ペンを買って、銀行に寄ってお金をおろしてと、大騒ぎだっただろう。

お葬式の時も、朝、喪服と香典袋が用意されている。結婚すると祝儀や香典の「袋」を用意する場面が何度もある。そのたびに思う。「袋」の表の字が上手いと頭が良さそう。「袋」を、昔は僕が知らなかった袱紗《ふくさ》に入れて持っていくとデキる大人に見られる。あと、「袋」に入れる金額の相場がわかっていると大変助かる。それらはすべて鬼が教えてくれた。こういう時、悔しいけど「つかまれてるな」と思ってしまう。

そんな鬼は、ヒデコの誕生日に、毎年、僕に断りもせず勝手に「豚の味噌漬け」を送っている。「豚の共食いだな」とへらへら笑いながら。やはり、鬼は鬼で僕の「お袋」の「胃袋」をつかんでいる。

結婚において、様々な「袋」をつかむのは、たしかに大事なことなのかもしれない。だから、**お嫁さんから、お袋さん、**になっていくのか。

「ええか、**わてらの惚れたはれたは〝袋〟の取り合いやで。**あんたも人の妻やったら、腹くくって物言いや」

成田離婚しそうになった夜、お小遣い制になった

世の中、「共働き」もいれば「専業主婦」もいる。

厚生労働省のデータによると、1997年に「共働き世帯」の数が「専業主婦世帯」の数を上回り、共働き夫婦が年々増えている傾向のようだ。

奇《く》しくも、僕らが結婚したのは、1998年、そんな端境期《はざかい》だった。

結婚する時、すでに収入もそこそこで貯金もあって、自分の給料で養える将来安泰な男なら、「結婚したら仕事やめて専業主婦になっていいよ」と言えるだろう。しかし僕の場合、**鬼の追い込み**によって、安定収入も貯金もないまま結婚させられた。当時、僕は28歳で鬼29歳。そんな状況では、せめて子供ができるまでは鬼も仕事を続け、共働きでやっていくものと信じていた。しかし……。

「結婚したら**仕事やめて専業主婦になる**って、もともと結婚する前から決めてたから」

このセリフをなんと結婚直後、新婚旅行の旅先であるハワイのホテルで初めて聞いた。

「はあ？　そんなの聞いてないし！　俺の収入が安定するまでは仕事、続けてよ」

「いや、専業主婦になるために結婚したから。結婚しても仕事続けさせられるんじゃ、結婚した意味がない」

いやいやいやいやいや、どう考えても、それは金持ちと結婚する時の発想だろう。互いに譲ることなく、新婚旅行2日目の夜にして険悪なムードに。さらに追い討ちをかけるように、鬼は鬼のようなことを言いだした。

「で、これからは、**あんたの給料、全部私が管理する**から……」

（当時の鬼はまだ自分を「私」、僕のことを「あんた」と呼んでいた。のちに自分を「オレ」、僕のことを「お前」と呼ぶようになるのだが）

「はあ？　何、勝手に決めちゃってんの？　俺の給料を？　管理？　意味わかんねーし！」

「いや、だって、私、専業主婦だから。つうか、あんた請求書出したり青色申告したり、自分でできないでしょ？　経理を雇ったら金かかるから、私が経理、やってやる。それが私の仕事。だからあんた、お小遣い制ね、月いくら要る？」

新婚旅行先のハワイで、**真珠湾攻撃のような鬼の奇襲爆撃**が行われた。

実は、僕が鬼と結婚してもいいかな？　と思った理由の1つに「結婚しても合コンしていい。仕事につながる合コンに行け」というのがあった。職業柄、「あいつ、結婚してからつまんなくなった」なんて言われるのも嫌だし、僕は合コンが趣味みたいなところがあったのでこれはいいなと。

なのに「お小遣い制」とか、ありえない。「合コンに行け」って言っておきながら財布の紐が完全に握られてるなんて、**「合コン行け行け詐欺」**じゃないか！　サラリーマンになるのが嫌で、自由で破天荒な生き様に憧れて放送作家になったのに、「お小遣い制」なんて、1円単位で割り勘するパンクロッカーみたいで、カッコ悪すぎる。

「専業主婦になるのはいいよ、でもお小遣い制だけは無理だって！」

僕は顔を真っ赤にして対空砲火で反撃するも、それに負けじと鬼も譲らず空爆は続き、**深夜のミッドウェー海戦**は激化するばかりだった。

「こんなんじゃ、もう無理だな、うちら……」

別れ話が出始めた。

これまで、そんなのウソでしょ、と思っていた「成田離婚」は、こうして起こるのか、そうか、なるほど、と頭をよぎった。

着地点が見つからぬまま戦闘は続く。

一晩寝て休戦したら考えも変わるかも……。鬼はベッドで、僕はソファで、別々に寝ることにした。しかし、もし朝起きて、鬼が帰国してたら本当に成田離婚が成立してしまう。披露宴に来ていただいた業界の諸先輩がたに申し訳ない。

僕はガバッと起き上がり、鬼と共有していたセキュリティボックスの暗証番号を別のに変え、寝直した。パスポートさえ出せなければ鬼が一人で帰国することもないだろうと。

翌朝、鬼が起きてくると、僕への〝無条件降伏〟をこんな形で要求してきた。

「現金、月いくら要るかは、過去の領収書集めればだいたいわかるだろ？　それのちょい多めの金額を、**小遣い口座に毎月、振り込んでやるから。**で、付き合いでキャバクラ行くとか予想外の出費があるとか言ってたけどさ、そんなのはクレジットカードでいいだろ？カードは使っていいから。**それで文句あるか？**」

ぐうの音も出なかった。たしかに、これまで毎月使っていた金額の現金がお小遣いとして振り込まれ、クレジットカードが自由に使えるのなら、今までと変わらぬ金銭感覚で暮らせる。文句は言えない。だが、僕としては、たまには鬼に内緒でソープに行ったりデートしたりしたい。しかし、それをカードで払ったら鬼経理にすべてバレてしまう。自由に遊べないじゃないか。大いに葛藤したものの、仕方なくそこは、鬼の**ポツダム宣言を受諾。**

成田離婚だけは免れたのだった。

あの日から約19年。年末を迎えるたびに、経理の鬼は、僕のカード明細をチェックし、会計作業をしながら時折叫ぶ。

「おい！　この店はどこの安っすいキャバ嬢と行ったんだ？」「この女、タクシーで送ったたろ？」「6千円ってことは、芝浦の女か？」「この**空白の2時間**はどこ行った？」

明細に出ている店の名前やタクシーの時間と金額から、その日の僕の行動を、まるで刑事のように読み解く。そして当たっている。

鬼は賢い。僕をいつも鬼のように追い込んでくる。しかしそこには、母のような器の大きさも感じられる。良妻賢母ならぬ、**鬼妻賢母。**

泳がせてもらいながら、プールの監視員の目が光っている。だから溺れずに生きてこれたのか。我々浮気おじさんにとって、背中から響く「ピ――――ッ！」という笛の音は、ウザいようで大切な、ライフガードなのかもしれない。

結婚とは、冷蔵庫の中にある材料で美味しい料理を作るようなもの

以前、僕は、タレントのヒロミさんが経営するスポーツジム「51，5」に通っていた。当時のヒロミさんは、今ほどテレビに出ていない頃で、ジムにもよく顔を出しては、会員が楽しめる部活イベントを企画してくれた。

僕も登山イベントに参加した。みんなで語らいながら楽しく登山すると、山の頂上でヒロミさん自らラーメンを作り、「これはね、うちのママ（伊代さん）が作ってくれたゆで卵だから」と照れながら我々にふるまってくれた。

今でこそおしどり夫婦として有名なヒロミさんだが、当時はその仲良しぶりがとても意外な印象で、昔からテレビ業界で接点のある僕に、

「お前、バラエティ班の人には、こういうの言うなよ、照れんじゃん」と言いながら、奥様との仲良しぶりを垣間見せてくれた（その後、僕が担当する番組に出てもらうようになったり、公私ともに大変お世話になっている）。

そんなヒロミさんの、夫婦円満の秘訣はとても参考になる。

伊代さんは、料理や片付けが苦手で、せっかちでキレイ好きなヒロミさんからしたら、妻としてイライラすることだらけ。しかしそこはあきらめ、美味しいものが食べたい時は「外食しよう」、掃除や片付けは「自分でやろう」、そう切り替えた。

一般的な位置づけなら、料理も片付けもできないダメな妻。しかしヒロミさんは、それ以外の伊代さんの良さを誰よりわかっている。ある時期、ヒロミさんが芸能界から遠ざかり、毎日暇だった頃、伊代さんは「今日はどこで遊ぶの？」と、まるでお母さんのような愛でやさしく見守った。「いい加減、仕事しなよ」とは言わなかった。

ヒロミさんは、できない妻エピソードを面白おかしく酒の席やテレビで語り、笑いをとる（ネタにする）ことで、マイナスをプラスに変えた。妻の欠点を、欠点として捉えたら欠点でしかない。しかし、面白エピソードとして語ればそれは「笑い」という血や肉になり、絆を強める**「結婚筋肉」**となる。

本当のおしどり夫婦は、相性がいいだけではないと思う。結婚に必要な「結婚筋肉」を持っている2人。ヒロミさんのジムでも習ったが、トップアスリートの優れた筋肉というのは実はやわらかい。だが、グッと力を入れた時に硬くなりパフォーマンスを発揮する。

それと同様、柔軟な「結婚筋肉」は、どんなマイナスもプラスにする、ポジティブ変換キーというパフォーマンスを生んでくれる。

以前、結婚したい独身女性たちが集う、僕のトークイベントがあり、そこで、僕が話した、「こうしたら結婚できる」という説はこうだ。

「結婚ってのは、好きな人とすれば幸せってものではないと思う。好きという気持ちほど、実は危ういものはない。ちなみに僕は、鬼と呼んでる嫁のこと、そんなに好きじゃないけど結婚したんです。**どっきりにハメられた感じで。**でも後悔はしていない。今、楽しいから。それほど好きでもなくても結婚できるし、幸せになれる」

「なぜ一緒にいるかといえば、お互いを〝必要〟と思ってるから。結婚に、グラグラ揺らぐ〝好き〟なんて感情は実はそんなに大事じゃなく、〝必要〟と思うことのほうが大事。なんなら、実際はそんなに必要じゃなくても、**必要と思い込むテクさえあればいい。**そう考えると、僕は今日、この会場に来ている30名のどの女性と結婚しても、それなりに幸せに暮らせる自信があります」（会場、笑い）

そんな話をさせてもらいつつ、さらに補足した。

「結婚というのは、たとえるなら、家にある冷蔵庫の材料で作る料理だと思うんです。思い描いたレシピ通りの料理、つまり理想の結婚を作ろうとすると、あれが足りないこれが足りない、ってなって、なかなか料理を作れなくなっちゃうでしょ？　料理下手に限って、レシピ通りあれこれ揃えようとして、揃わないと結局作らない。または、美味しくないのは材料が揃ってないから、なんて言い訳する。これ、なんとなくわかりますよね？」

「その状態が、今のみなさんが言うところの〝いい人がいない〟〝まだ独身〟の現状なんです。しかし、**家庭の冷蔵庫に今入ってる材料で何を作ろうか、と考えるのが、幸せな結婚だと、**僕は思うんです」

「昔、トシ・ヨロイヅカの鎧塚シェフが、もつ焼き屋で打ち上げしたとき、アドリブで厨房に入って、たまたまあった豚レバーで美味しいスフレ（スイーツの一種）を作って、みんなを感動させたことがありました。優れた料理人って、今ある食材でなんでも作れるんです。僕の場合も、特別ラブラブでもないのに結婚してしまった相手。鬼だし、怖いし、抱かせてもくれない（笑）。理想通りの材料が揃ってなくても、腕と工夫があれば、それなりに、まあまあ美味しい料理は作れる。キャベツの芯って意外と甘くて美味いじゃん、と、そういう部分に気づけることが結婚だと思うんです」

そんな風に、今ある選択肢を生かす考え方を、結婚に悩む女性に説いた。そこで、ある

女性がこう言ってきた。「でも、結婚したい相手がいないし、見つからないんです」

「じゃあ、今、あなたの友達や知り合いで、あなたが**2人でごはんに行ってもいいと思う独身男性**をリストアップしてみて」「はい、3人、リストアップしました」

「その中の1人ずつとごはんに行ったとして、**いいところのみを探してみて。**3人とも、想像してみて」「はい、1人目は、真面目で……。2人目は美味しい店に詳しくて……。3人目は、バツイチだけど話が面白くて……」

そう、誰にもいいところがあるはずだ。

「じゃあ、その中の、**誰と結婚したら、幸せになれそう？**」

彼女は、顔を赤らめながら、幸せな結婚生活を想像していた。

今まで「相手がいない」と断言してた女性が、冷蔵庫の中にあった「キャベツの芯の甘さ」を理解した瞬間だ。あとはそれを料理することにとりかかるのみ。

「ぜひ、その3人と連絡とって、順番に、ごはん食べに行ってみて。この人と結婚できるかも、もし結婚するとしたら、と思いながら、いいところを探して褒めてみて。ほめほめゲーム（P204）っていうのを教えてあげるから……」

使い物にならないと思ってたキャベツの芯が素敵な材料に思える。それが結婚だ。

結婚したい女性は3週間先まで予定を埋めてはいけない

仕事ができる独身美女A子33歳に聞かれた。

「誰かいい人いませんか？　なんで私、独身なんでしょうね？」

「忙しすぎるからだよ」と答えたら、「いやいや、好きな人からの誘いなら、どんなに多忙でもスケジュールこじ空けますって」と返された。

ここで僕が言いたいのは、「好きな人」のためならそうかもしれないが、そもそも、**好きな人なんて急には現れない。**好きになるプロセスを踏むための日程を設けなくては、好きな人など現れないということ。

こんなA子が合コンに行き、まあまあの男が隣りにいたとする。「今度ごはんでも？」と誘われたA子は「ええ、ぜひ」と言ってLINE交換する。だが、彼からのお誘いに「再来週まで予定がパンパンなので、来月ぜひ」と返信するだろう。「ごめん！」とか**パンダ**

がおじぎしてる妙なスタンプ付きで。

「3週間先まで1日も空いてないって、売れっ子タレントかよ！」と男は一気に萎《な》える。

そんな女子は、〝スケジュールに空きがあるのが怖い病〟。結婚したいなら、まずは空いてる日を作っておくべきだ（我々のような浮気おじさんと飲める日もね、笑）。

ということで、

1　結婚したい女性は、**3週間先まで予定を埋めてはいけない。**

……のである。

そして、これまであらゆる独身女子の相談に耳を傾け、Facebook の投稿からその生態をチェックしてきた結果、僕なりの〝結婚しないいんじゃなくて、できないんです〟女性の敗因が浮かび上がってきた。これさえやめれば結婚できるのに……。

2　結婚したい女性は、**高いワインを飲んだことをSNSに投稿してはいけない。**

3　結婚したい女性は、**自分1人で行ける鮨屋やバーなど持ってはいけない。**

4　結婚したい女性は、**犬もマンションも買ってはいけない。**

5　結婚したい女性は、**占い師に頼ってはいけない。**

6　結婚したい女性は、**女子会にばかり参加してはいけない。**

7　結婚したい女性は、**「私と価値観あう男いないかな」と言ってはいけない。**

8　結婚したい女性は、**ジェーン・スーをリスペクトしてはいけない。**

9　結婚したい女性は、**「私、プライド高い女じゃないんです」と言ってはいけない。**

10　結婚したい女性は、**身近にいる男をあなどってはいけない。**

それぞれに解説をつけていこう。

2　女はちょっとワインに詳しくなると、高いワインをゴチしてくれるハゲおやじが群がるようになる。「今日は01のディケム」「1953と1989ラトゥール飲み比べ」なんてコメントつきでワインボトルの写真をFacebookにアップしたりするようになるが、あれを見た独身男子は全員ドン引く。独身ならずとも引いてフォローをやめる。「あいつと飲んだらどんだけ金かかるんだよ！」と。

3　1人飲みできる女性は、男に頼らずに生きていける強さがあり、男はたじろぐ。しかもそんな女子に限って「私ってば、男に尽くすタイプ」とかのたまう。言っておくが、男は「尽くす女」が好きではない。**「俺が尽くしたくなる女性」**が好きなのだ。

4「犬とマンション買ったら一生独身決定！」などとよく言われるが、女医で作家の、おおたわ史絵《ふみえ》先生も言っていた。動物と人の幸福度の実験では「犬を愛でるだけでHとほぼ同等の幸せが得られる」と。そりゃ男なんてどうでもよくなるね。昔のドラマとかでも、独身のスナックのママが必ずポメラニアン抱いてたのはそういうことね。

5 占いに頼るタイプは自分に都合のいいことしか受け入れない傾向があり、**6**の、女子会依存と似ている。占いや女子会は婚期を過ぎた独身女子にとって、居心地良くてラク。キラキラしている自分でいたいし、「女子の中にさえいれば女子力、アガるわ～」とか言ってモテオーラが出てる気になる。だが、その気になっているだけで、実際はただの自己満足。20代でさっさと結婚する女子は、占いや女子会に依存しないのだ。

7 価値観が同じ人など、そもそもいない。「え、中華の気分？ 私、イタリアンの気分。じゃ、何で決めよっか？(笑)」と価値観のズレを楽しめることが結婚には大切。そう、結婚とは、**価値観のズレをどう近づけ合うか**の作業。なので、価値観のズレを埋める方法が「じゃあ、じゃんけんで決めよう」「いいね！」と似てるのが理想。価値観がまったく同じ人なんて、この世にいませんよっ！

8　ジェーン・スーの著書『私たちがプロポーズされないのには、101の理由があってだな』を面白がってる女子はほぼ独身。そして読んでみるとわかる。たしかに面白いが、独身女子にとって最高の鎮静剤。独身の焦りが消え、ラクになる。男からしたら、間違ってる部分も多々あるのに。たとえば「男のプロポーズしたい欲は半端ない、だから女子からしちゃダメ」的なくだりがあるが、全然そんなことない。男は、**できればプロポーズせずに、ぬるっと結婚したい。**あんなこっぱずかしいこと、できれば避けたい。つまり、恋愛マニュアルに頼る女子に限って独身なのだ。

9　「なんで結婚できないんでしょう？」の質問に、「理想とかプライドが高いんじゃない？」って言うと、独身女性は必ず言う。「私、こう見えて全然プライド高い女じゃないんです」と。でも、その反応こそがプライドが高い証拠。謙虚な女性ならきっとこう言う。「ああ、私、そういうところあるかもしれないです、なるほどぉ」と。そもそも「なぜ美人で性格もいいのに私は独身なの？」という思いこそが、プライドの高さに違いないし。

10 独身女子は、新しい出会いばかりを求めがちだが、実は結婚相手というのは意外と、高校の同級生だったり、たまに会うラン仲間だったり、昔からの飲み仲間だったり、普段、異性として意識してないところに眠っていたりする。そして、そこを拾うことは妥協ではなく、心のゆとり、**視界の広さ**であることに気づいていないのだ。

以上10項目、いかがだろうか？　これを守ったからといって、すぐには結婚できないかもしれない。しかし〝まあまあの人〟からの誘いにも、３週間以内にスケジュールを出せる女性は、出せない女性より確実に結婚に近い女性だと思う。

――**コップの水が常にいっぱいだと、新しい水は入れられない。**

新しい水を入れるために、スケジュールというコップに余裕を持つことから改めたらどうだろうか？

男が結婚を決める理由のひとつ――「追い込み」

林修先生は、奥さんとの結婚を決めた理由について問われ、こう答えていた。

「顔はまったく趣味じゃない。顔の好みは面長の顔ですからね。嫁は真ん丸。結婚した決め手は頭。僕が会ったすべての女性の中で一番優秀だと思いました」

雑誌『ａｎ・ａｎ』の「男が結婚を決める理由」特集の２００人アンケートを見ても、「性格が合う」（44人）、「価値観」（35人）、「料理上手」（26人）、「家事が得意」「趣味が合う」（19人）、「見た目」（17人）、「ＳＥＸの相性」（10人）、「こちらの家族とうまくやれる」（8人）、「仕事ができる」（5人）などなど、男が結婚を決めた理由は人によって様々だ。

そして、僕がもし鬼との結婚を決めた理由は？　と聞かれたら、これだ。

「追い込まれて、僕が逃げなかったから」

ここで、恥ずかしながら告白しておくと、鬼との出会いは僕からのナンパだ。当時、早稲田の学生（24歳）で、僕は先輩のコネにより、テレビ業界で放送作家見習いのバイトをしていた。その夜、局のプロデューサーに連れられ、渋谷の居酒屋で飲んでいた。たまたま隣の席にいた女子2人をナンパし、電話番号を（メールアドレスもアカウントもＩＤも存在していない時代、笑）交換したのが鬼と知り合ったキッカケだ。

当時僕は、７万円のワンルームマンションでパグ犬を飼っていた。その写真を鬼に見せたら「かわいい」と食いつき、「徹夜で仕事とか多いんでしょ？　放ったらかしでかわいそう。私が散歩してあげる」というので、これ幸いと部屋の合鍵を渡した。付き合ってるわけでも好きでもなく、超犬好きの25歳ＯＬ、１つ年上のしっかり者、という印象。

90年代当時、テレビ業界はまだバブルで、僕はタクシーチケットを自由に使えた。それ目当てとあとで知ったのだが、鬼が友達と渋谷で遊んでると、仕事終わりの僕が呼び出され、「犬の世話してあげてるんだから」とタクシーで鬼の家（世田谷の経堂）を経由させられることが増えていった。

ある日、西荻窪の僕のマンションに、鬼が犬の世話しに来たついでに泊まることになり、おそらく酔った勢いでそんな関係になっていた。本来はペット禁止のマンション。犬の散歩係の鬼は、何度となく管理人に見つかって注意され、引っ越さないとまずい雰囲気になっていた。

付き合い始めて3年。大学を留年し、親からの仕送りも止まったうえに学費を自分で払わなくてはならず、貧乏な僕は鬼にごちそうになることも増えていた。

犬のこともあるし、一緒に住んだほうが経済的。物件を探すと、今の2人の家賃の合計より安い、ペットOKの1LDKが見つかり、急いで手付金を払った。


鬼は、実家（長野県）の厳格なお義父《とう》さんから「13万円の家賃は何だ？　誰と住むんだ？」とつっこまれ、その場をごまかそうと「結婚を前提に付き合ってる人と暮らす」とウソをついた。**僕と結婚の話など一度もしたことないのに……。**

「とりあえず口裏を合わせて」と鬼から受話器を渡され、お義父さんと初めて話した。すると「正月にでも長野に遊びに来なさい」と言われたので、「はい、ぜひ」と答えるしかなく、遊びに行った。

山と田んぼだらけの静かな村。古い日本家屋の広い座敷に、親戚一同が大挙して集まり、僕はまだそんなつもりもないのに、「ユミコのお婿さんになる人が来てくれました」とみんなに紹介された。

「いいえ、そんなつもりじゃ……」などと言える空気ではなく、親戚のおじさん、おばさんたちから「頼むね」とビールを注がれた。

僕は、トイレに行くフリをして廊下に鬼を引っ張り出した。

「おい！　これどういうこと？」

「いやあ、私もびっくり。お父さん、気が早くて……」

お義父さんは、その勢いでカレンダーを用意し、両家が会う日程を決め、結納の日や、結婚式の日取りまで、そこで決まってしまった。

僕は27歳、まだ売れてない先行き不安な放送作家。もっと売れてから30歳すぎに結婚したいと思っていた。逃げようと思えば逃げられたかもしれない。しかし、**追い込まれて、逃げなかった。**それが僕の「結婚を決めた理由」だと思っている。

「性格が合う」とか、「料理が上手い」とか、実はどうでもいい。「実は料理が下手だった」ぐらいで人は別れないと思うから。

鬼に「結婚前提に付き合ってるテイで口裏合わせて」と受話器を渡された時、電話に出ないという「逃げ」の手もあったが、逃げなかった。お義父さんに「長野に遊びに来なさい」と言われて、行った。「この日取りで」と言われて、従った。

プロポーズとかロマンチックな物語も素敵だ。けれど僕は、結婚なんて、気づいたら3

年付き合っていて、気づいたら追い込まれ、**断る理由もないので従う、**そんなものでいいと思う。うちは違うが、デキ婚＝「妊娠した」というのも1つの「男が追い込まれた時」になるように。

だから、彼と結婚したい女性は、かつて伝説のバラエティ『電波少年』で芸人が目隠しされて現場まで連れて行かれ、T部長に「やりますか？　やりませんか？」と形のうえでは判断を本人に委ねながら「やりません」という答えはほぼできなかったように、彼を追い込めばいい。追い込んでみて「いろいろ準備が整ったらプロポーズするから」と逃げるような男は、おそらく待ったところでプロポーズしてくれない男だと思う。

追い込まれて、逃げない……それも1つの「男が結婚を決める理由」だし、結婚できる相手かどうかを女性が見極める方法だと、僕は思う。

大事なのは、結婚の環境が整うことよりも、タイミングよりも、**信念だ。**

今、あなたが結婚したいと強く思っただけで、昨日より一歩、結婚に近づいたと思う。

ちなみに、僕の兄は24歳という若さで結婚したのだが、僕が「まだ稼げてないのに結婚なんて……」と言った時、こう言った。

「男は、一人前になったから結婚できるんじゃない。**結婚することによって自分を追い込んで一人前になるよう頑張る、**という考えもあるぞ」と。

僕が、結婚して数年、幸い、僕の仕事が増えて、周囲から〝売れっ子放送作家〟と呼ばれるようになると、鬼はドヤ顔でこう言った。

「お前は、誰のおかげで売れたと思ってんだ？」

鬼の追い込みは、しぶとく、恐ろしい。

あえてピントをボカす
～幸せのデフォーカス～

故・川島なお美さんと鎧塚俊彦さんご夫婦とは、僭越《せんえつ》ながら僕が2人のキューピッドだったこともあり、その華やかな結婚披露宴の末席を汚させていただいた。豪華な宴の中、一同の注目をぐっと引き寄せた、秋元康さんの名スピーチが忘れられない。

「モテる鎧塚さんと、モテるなお美さんがこうして結婚する。お互い、清濁合わせ飲んでる。そこが素晴らしいなと。つまり、男と女の最終形。結婚というのは、**互いに両目を閉じてる時か、両目を開けてる時しか、**できないと思う。つまり、片目の時は、男のずるさや、女性のずるさや、相手のいろんなところが見えてなかなか結婚できません。しかし、この2人は、両目をしっかり開けて、お互いを見据えて、いろんなことを見たうえで、本日に至ってるので、これは素晴らしい結婚だと思っています」

そう、恋は盲目という。見えずに突っ走るからできる結婚もある。

一方で、このご夫妻のような、熟婚とか晩婚とか言われるような、すべて理解し、すべて見据えてるからこそできる結婚もある。

そして、巷《ちまた》に溢れる、結婚できそうでできない独身アラフォー女性は、中途半端に経験値があって、見えてしまっていることが、結婚の邪魔をしている気がする。

マンションなどの物件探しで、1軒目がかなり良かった時、ならばこれを超えるのが出てくるだろうと2軒目、3軒目、4軒目と探し続けるが、意外と1軒目を超えないことが多い。見れば見るほど、いろんな知識を得ていき、決められなくなる。そして1軒目に戻った時には、すでに他人に押さえられている。**物件探しあるある。**

野球のセオリーでも「初球打ち」というものがある。

初球は、あらゆる見地から見てヒットが出る確率が高い。逆に慎重に球を見て追い込まれると、どんどん打ちにくいボールに手を出さなければならなくなる。

今、独身アラフォーのあなたは、打ちにくいボールとの戦いに迫られている。ならば、どうしたらいいのか？

見えすぎてるその目のピントを、あえて自らボカすのだ。**しかと見えてしまうメガネをはずし、あえて見えなくすることで、結婚が「見えて」くる。**そう、我々メガネおじさんが、ソープに行って、お相手がブサイクなお姉さんだった時、すかさずメガネを外し、ピントをボカせば顔がかわいく見えて幸せな時間を過ごせるように。

カメラの演出で、意図的にピントをボカすことで味わいを出す「デフォーカス」という手法があるが、まさにこれぞ「幸せのデフォーカス」なのだ。30代～40代という微妙な年齢における結婚は、戦略的な幸せのデフォーカスが必要となってくる。

「顔はAさん、収入はBさん、家柄はCさんで、身長はDくん。性格はEくんかな。ああ、それぞれのいいとこ取りができないかな～？」ってバカヤロー！　できねーよ！　結婚はホテルのビュッフェじゃないっての！

イタリアンのプリフィクスやら、旅行のお得なオプショナルやら、日頃、選択肢が多いことに溺れ、男の選択肢が多いことが幸せな出会いへの近道と信じてるからダメなのだ。

そう、結婚において、選択肢が多いことはかえって不幸ということをご存知か？

脳科学者の中野信子先生は、こんな面白いことを言っていた。

結婚できない女性がそうなってしまう原因は、**選択肢をたくさん持ちすぎなこと。**たくさん男性の友達がいすぎることだと。その裏づけとして、こんな例を出していた。

ジャムの陳列棚理論。

スーパーの陳列棚に20種類のジャムを並べるのと、5種類のジャムを並べるのと、どっちが売れるか。20種類のほうが棚の前で足を止める客は多いが、実際に買っていくのは5種類のほう。

20種類の場合、20のうち1つを選ぶというのは、19種類を捨てなくてはいけない罪悪感がある。一方、5種類から1つ選ぶ、つまり4つを捨てる罪悪感のほうがライトで、5種類の棚から選んで買う人のほうが多い、という実験結果らしい。

なるほど……。

たしかに200人のパーティは一見、華やかで出会いが多そうで魅力的だが、そこで100枚の名刺をもらっても、100人とFacebookでつながっても、数日後、誰が誰だかチンプンカンプン……ということが多い。

これは、そんなに魅力や刺激を感じない昔から知ってる男を、幸せのデフォーカスで、改めて見つめ直したほうが、実は結婚する確率が高くなるのと同じことだ。

結婚において、刺激や選択肢が多いことは、時に不幸を招く。見えすぎは肩が凝る。見えなくするのは妥協ではなく戦略だ。

あえてのピンボカシ、**幸せのデフォーカスが、結婚の〝見通し〟を良くしてくれるはず。**

妻が夫のケータイを見るのは離婚すると決めた時

ある番組を見ていたら、離婚した女性芸能人たちが、離婚の理由を語っていた。あくまでテレビ用のコメントかもしれない。しかし、とはいえ、少なくともこの人たちは、これが離婚の理由として成立してると思ってる。そのことに僕は納得できなかった。曰く、

「毎朝、夫の**お弁当を作り続ける**ことに疲れた」（手作り弁当、やめれば？）

「相手を**解放してあげたく**なった」（え？　自分が解放されたいのでは？）

「一緒にいると、**変なスイッチが入って**プレッシャーだった」（そのスイッチ、要る？）

「この人と相性がいいと思って結婚したのに**相性が良くなかった**」（なんだそれ！）

そんな理由？　学生の恋愛じゃないんだから、そんな理由で離婚しちゃいけない。

相性がいいと思ったら良くなかっただと!?

母ヒデコ（でぶ）が言ってたあの言葉を思い出す。

「この人と相性がいいと思うのは、勘違い。この人と相性が悪いと思うのも勘違い。どっ

ちみち勘違いなら、相性がいいと信じる前向きな気持ちを持って、相手にも、その前向きな気持ちを持たせ続けるようにすることが、結婚だでね」

そう、目に見えない〝相性〟なんてものは、そもそも思い込みに過ぎない。と考えると、結婚相手との相性というのは**「合格祈願」**に似ている。

「合格祈願」したからといって、頭が良くなるわけでもないし、試験中に答えが降りてくるわけでもない。ただ、試験会場でみんなが合格祈願のお守りを握りしめてる中、自分だけ何も祈願してなかったら急に不安になる。それだけでマイナスだ。「自分も祈願したから大丈夫」そう信じることは、信じない人よりも強気になれて、それだけで意味がある。

結婚もそう。

何か起きた時、〝大丈夫〟と信じればうまくいき、〝大丈夫じゃない〟と思い始めれば不安になる。悪循環に陥る。

夫のケータイをこっそり開いた時、**本当は何でもない同級生とのハートマーク**すら「デキてるのでは？」とマイナスに思えてくる。それは、試験会場で「祈願してない」と不安に陥って全力が出せないようなもの。

ならば〝大丈夫〟と信じて開かないことが、あなたにとっての合格祈願だ。

相性の良し悪しなんて、ヒデコが言うようにしょせん勘違いで、自分がどっちを望んでいるかが大きい。〝相性がいい〟と決めた時は好きになるし、〝相性が悪い〟と思い始めたら嫌いになる。

「コンプレックスが浮き彫りになるのが恋で、コンプレックスを受け止めるのが愛」という、はあちゅう氏の名言もあるが、その通りで、

「相性の悪さ、価値観のズレが露呈して別れるのが恋愛で、**相性の悪さ、価値観のズレを受け止め、攻略する方法を探し、楽しめるのが結婚**」だ。

僕が結婚したこの人は、なんでこんなに僕を束縛したり、僕をいじめたりするのだろうと悩んだ時もあった。逃げ出したくなった時期もあった。しかし、僕は受け止めた。そして現在までに、攻略する方法を見つけている。

鬼が僕のことを詮索し、見破ろうとしてきた時の攻略法その1。

「しかし、何でも見破るね？　俺のこと、そんなに好きなのね、照れるわ」とホメ殺す。

すると鬼は、「バカじゃねぇの！　おえぇ〜」と気持ち悪がって、その場は平和に終わる。

昔なら僕が先に「うるせー！」とぶちギレ、大炎上の喧嘩になったのに。

昔に比べ、気軽に離婚できる時代になった。「バツイチ」とか「シングルマザー」とい

う言葉が、なんだかカッコ良くさえ見えてしまう昨今。

しかし、だからといって、簡単に離婚してはいけない。子供がいたら特にそうだ。「シングルマザー」という横文字にダマされてはいけない。

夫婦たちよ、歯を食いしばれ。母子家庭は、両親揃ってる家と比べたらいろいろと大変だ。もちろん離婚することで幸せになる家庭もあるが、一時の危機を凌《しの》いだおかげで、今となっては、「喉元過ぎれば、ってやつだったね」と笑い話にしてる夫婦も多い。

シングルマザーは、あなたが思うほどカッコイイものではない。厳しい現実もある。

〝母子家庭はつらいよ〟をエネルギーに、**ダメ夫をうまく転がし、**乗り越えていくことを僕は薦める。

それまでのもろもろをすべて考えたうえで、離婚する覚悟で夫のケータイを開くというならいいが、その覚悟がないなら、歯を食いしばって、夫のケータイ開くべからずだ。いいですか？　夫のケータイを開いても、幸せは1つもありませんよ。溢れる絵文字やスタンプ、ハートマーク。そこに**嫉妬心と怒りを覚えるだけ**ですよ。しかしそれは、心配する相手じゃないかもしれない。精神的に滅入るだけ。**妻が損するだけ。**

映画『最高の人生の見つけ方』のパンフレットに秋元康さんが寄せた、こんなコメントが僕は好きでメモってある。

「人は、間違う。でも、間違うことを恐れず、正しいと信じて走る勇気が大事。**間違いに気づいて即Uターンするエネルギーが大事。**立ち止まって悩んでる時間がもったいない。人生に無駄なし」

夫のケータイを開き、浮気の証拠を見つけて離婚する。そういうUターンもあるだろう。しかし待て。あえてそのケータイを開かずに、旦那の浮気グセを叩き直していく、そういうUターンもある。

人は間違う。正しいと〝信じて〟走る勇気が大事。

浮気マイレージを貯めて、一挙にドカンとポイント還元

「恋愛学」を専門とする、早稲田大学国際教養学部の森川友義《とものり》教授によれば、「男らしさ」は先天的に決まっていて、男性ホルモンのテストステロンに影響されるのだとか。テストステロンは右手の指に現れ、「人差し指より薬指のほうが長い人が男らしい」そうだ。男性ホルモンが多い＝浮気性ということ。

僕の右手の薬指を見てみると……おう、薬指のほうが人差し指より明らかに長い。なるほど、僕はどうやら、テストステロンが生まれつき多い先天的な浮気性のようだ。理性がないのではない。悪しからず。

あなたの夫や彼氏はどうでしょう？　ぜひ右手の人差し指と薬指をチェックされたし。

さて、そんな先天的浮気性の僕が、日頃、励みにしている言葉がある。

「神は乗り越えられる人にしか、試練を与えない」

次から次へと困難が現れ、行く手を阻む時、なんで自分にばかり？ と考えず、これはこの困難を越えられる自分に、あえて神が試練を与えてるのだと考える。日々ふりかかる結婚生活における試練も、越えられる能力のある我々を、神が選びたもうたのだと。

そう思うと、越えられる気がしてくる。

結婚19年目、鬼の試練の数々……。

収入の全額を鬼に託して小遣い制に甘んじ、僕が持ちたいと願った**事務所は浮気の温床**になるからと持たせてもらえず、僕の帰りが遅いとそれが会議でも浮気と疑われ、家でテレビを見ているとそれも仕事なのに働けと叱られ、家事を手伝っても褒められずに怒鳴られ、**鬼モラハラ**に耐えながら歯を食いしばって暮らしている。

鬼が僕を「鼻毛」や「浮気おやじ」と呼んで馬鹿にするせいで、父親としての威厳ゼロ。子供たちからも「鼻毛」と呼ばれ、それを他人に笑われ、正直、つらいこともある。

しかしそんな時は、キレずに自分にこう問いかける。

「家族に尊敬されるけど浮気も合コンもろくにできない立派なお父さんと、完全にバカにされてるけど、浮気も合コンもできる鼻毛おやじと、どっちがいいかな？ **鼻毛でいっか。てへっ**」と、神に向かって、舌を出してやる。

たとえ〝レジャー〟（P72）とはいえ、僕の浮気行動は、世の常識からしたらアウトかもしれない。三くだり半を突きつけられてもおかしくない不貞夫かもしれない。しかし結婚生活というものは、試練にどう向かえば切り抜けられるかを、いつも考えさせてくれ、答えに導いてくれる。

そう、我々浮気おじさんもバカではない。ただ鬼の目を盗んで、合コンや〝レジャー〟をしているわけではない。怒られて学習し、徐々に鬼との戦い方を覚えていく。こうすればマイナスをチャラにできるんだなと。

日頃、家庭を顧みずフラフラしてる分、家族の誕生日や大事なイベントは気合を入れて頑張る。〝遊び人〟だからこそできる凝ったお祝いをしてあげると、こんな鼻毛おやじも悪くないと思ってもらえる。

恥ずかしながら、今年の鬼バースデーは、鬼のフラダンス友達（元・宝塚）を巻き込み、『ベルばら』のカツラや衣装を用意して、元タカラジェンヌ指導のもと、芝居と歌をみっちり特訓。ホテルの部屋に仲間たちをこっそり呼んでおいてサプライズをした。予期せぬ演出に、**〝鬼の目にも涙〟**だった。

これも、せめてもの罪滅ぼし……。日頃、合コンしたり飲み歩いたりしてる時間には、さすがに家族に申し訳ないという**〝浮気マイレージポイント〟**を貯めている。借りを作っ

ている。その分、記念日に一気にドカンとポイント還元する。

「そんなの要らないから、真面目に暮らしてほしい」という奥さんもいるだろう。

しかし、夫婦には、それぞれのやり方がある。うちの場合は、これでバランスを取っているのだから仕方ない。

みなさんにも、何か頑張った時の〝自分へのご褒美〟というのがあるだろう。僕にとっては、日頃仕事を頑張った自分へのご褒美が、そして、鬼の仕打ちにキレずに耐えた自分へのご褒美が、合コンや〝レジャー〟だ。そしてそれは、同時に浮気マイレージポイントとして貯まり、いずれポイント還元されるのだから大目に見ていただきたい。

「神は乗り越えられる人にしか、試練を与えない」

どうか神様、鬼様、〝右手の薬指〟が長い先天的浮気性の僕のことを、これからも許し、乗り越えさせてくれますように！

〝左手の薬指〟の指輪は、いつなんどきも外さないでいると誓いますから……。

「お見合い結婚」って実はよくできている

戦前の日本では「お見合い結婚」が一般的だった。もともと、家と家のつながりが強かった日本では、親戚などの仲介により、お見合いで結婚することがごく当たり前で、人口問題研究所が行った結婚調査によると、1935年当時、約7割がお見合い結婚だった。

今では9割が恋愛結婚で、お見合い結婚は1割を下回っている。

しかし、あなどるなかれ、お見合いのほうが離婚はしにくい。恋愛結婚の夫婦は離婚率40％なのに対し、**お見合い結婚の夫婦は離婚率10％と低い。**

ちなみに僕は、一応、恋愛結婚した形だが、仮にこれがお見合い結婚だったとしても、何とかうまくやれる自信がある。というのも、相手を「好き」という感情で結婚したのではなく、「必要」という気持ちで結婚したから。

そもそも恋愛結婚とお見合い結婚の違いとは？

林修先生の「恋愛感情グラフ論」によると、恋愛結婚は結婚前に感情のピークがあるのに対し、お見合い結婚は、結婚後に感情のピークを迎える。つまり、恋愛結婚の場合、出会って恋愛感情が生まれ、付き合うようになって感情のグラフはどんどん上がっていく。だが、付き合っていくうち、倦怠期を迎えたりして少しずつ下がる。付き合いも長くなってきたし、そろそろ結婚かとなって、いざ結婚すると、かつて異常に盛り上がっていた時の感情のピークをなかなか超えない。さらにこれが下がって、結婚維持ラインを割らなければ結婚が継続できるが、割ったら離婚。実際、2～3組に1組は割っていくのだと。

一方、お見合い結婚の場合は恋愛感情が「0《ゼロ》」で始まる。**下がりようがない低い位置からのスタート。**結婚し、少しずついいところを見つけ、好きになっていく。徐々に盛り上がって、結婚後に感情のピークを迎える。

僕の場合も、恋愛感情は最初から低めだった。特にプロポーズもしておらず、なぜ結婚したかと言えば、結婚しても合コンに行っていいと言ってくれたから（P28）。本来、男にとって、結婚は人生の墓場などと言われるくらい、遊べなくなる。なのに、合コンに行っていいと言う（ただし合コンを仕事につなげろ、と鬼は添えていたのだが）。こんな理解ある人は今逃したら他にもういないだろう。**好きという感情よりも逃せない感、掘り出**

し物感で結婚した。いわばお見合い結婚にも似て、感情のピークは最初から低いまま、冷めた気持ちで結婚したのだ。

巷の未婚女性はよくこんなことを言う。

「いい相手が周りにいないのよ」「ダメ男にすぐだまされる」「見つけるのが下手な私」「出会いがなくて」「男がなかなかプロポーズしてくれなくて」などなど。

そうじゃない。むしろ、相手はたくさんいる。気づいてないだけだ。だからこそ、見つけ出す技を持てばいい。

未婚女子は男のマイナス点ばかりを並べる。

「収入が低い」「女好き」「すぐキレる」「時間にルーズ」「服がダサい」「身長が低い」「デブ」「ハゲ」「体臭が臭い」などなど。

お前は評論家か！　と言いたい。お前がどんだけ優れた女なんだよ！　お互い様だろ！と、カッコつけて履いてるルブタンのヒールをへし折ってやりたい（笑）。

誰もが、10個ぐらいはマイナス面がある。

ならば、11個のプラス面を探せばいい。

マイナスの数を、プラスが1つ上回る程度でいい。「頭がいい」「面白い」「人望がある」「声がいい」「運転が得意」「ヒゲが似合う」「よく食べる」「大卒」「次男」などなど、探せば意外とマイナスよりプラスが多かったりする。

そう、偉そうな評論家みたいにダメ出しばかりせず、**プラスを探せ！**

そして、「収入が低い」はあなたがケツを叩いて増えるように頑張らせ、「女好き」は管理してほどほどに是正、「すぐキレる」ガキみたいな性格は母のようなやさしさで治し、「時間にルーズ」はじっくり軌道修正し、「服」は選んであげ、「ハゲ」は金髪にして目立たないようにし、「体臭」は風呂にまめに入れば、なんとかなる。

実はここに挙げたのは、すべて僕の結婚当初のマイナス面なのだが、少なくとも僕は、これらを鬼に叩き直され、暮らしている。治してくれたことに感謝している。

あなたとその彼は、性格が合わないのではない。**自分が、相手に合わせる技を持ち、合わせさせるよう自分が歩み寄り、相手にも歩み寄らせるのだ。**

「結婚相手にふさわしい男」を探す前に、自分が「結婚筋肉を持った女性」になればいい。ただそれだけだ。

僕は今、おそらく「誰と結婚しても幸せになれる」結婚筋肉を持っている。

鬼という鬼トレーナーに鍛えられ、肉体改造され、手なずけられたことにより、盲導犬のような柔軟な対応力と寄り添う気持ちの両方を身につけた。

鬼は、世界一怖いけど、世界一必要で、失いたくない飼い主。

「放送作家になるには、どういう能力が必要ですか？」と聞かれることがある。僕は「続ける根性、やめない根性があれば誰でもなれる」と本気で答える。そう、途中でやめるから、なれない。続けていれば、いつかなれる。なれるよう頑張る。

結婚も同じ。途中で別れるから「相性が悪かった」と思うのであって、「続ける根性」があれば続くし、**「こんなに続いた」という既成事実が「結束力」となり、結果として相手が「必要な人」となる。**

だから結婚には向いてなさそうなその彼氏と、お見合い結婚だと思って結婚してみるといい。あなたから「結婚しよう」と言ってみるといい。別れないで、もう少し頑張って続けていれば、結果、続いたことで、相性が良かったと思えるのだから。

恋愛感情なんて、あてにしてはいけない。感情に左右されない「お見合い結婚」って、実はよくできている。

ケンカした時は『あしたのジョー』に学ぶ〝ノーガード戦法〟で

32歳の女子から、こんな相談をされた。

「結婚したいと思っている彼氏が私を束縛する。女子友と遊びに行くだけなのに怒る。合コンだろ、と疑う。私は何も悪いことしてないのに。そんな器の小さい彼と結婚していいのか不安になる」

言ってあげた。

「その彼と結婚したいと思うなら、女子会なんて行かなくていいよ。女子友なんて、いつでも、いくらでも代わりは見つかるけど、結婚したいと思う相手は、そうすぐには見つからないから。まずは、**できるうちに結婚してしまう**ことが大事」

「32歳でしょ？　もし今その結婚を逃したら、次いつ結婚したい相手と出会えるかわからないよ。ある調査によると、女性は33歳を過ぎると転げ落ちるように急激に株価が下がるらしいから。世の独身男性が結婚相手を20代に求めることが多いのは、出産を意識するからなんだって」

「一生独身で仕事をしたいなら別だけど、いずれは子供を産みたいなら、1日でも早く彼氏にハンコを押させたほうがいいよ。女子友は自分が結婚したり出産したら、あなたと一緒にはいてくれないけど、その彼氏は結婚して生涯一緒にいる伴侶になりうるのだから」

「**結婚してからだって女子会はいくらでもできる。**出産すればママ友が勝手にできる。ここ1年を、全力で結婚に向かうことに傾けたほうがいい。女性ができる最大の親孝行は、結婚なのだからね」

結婚が親孝行？　そう、特に女性が結婚&出産するほど素晴らしい親孝行はない。というのは、ある心理学者の話からだ。女性が一生のうちで、最も幸せドーパミンが出る瞬間は、好きな人と会った時でもない、結婚した時でもない、子供を産んだ時でもない。自分の「孫」を抱いた時なのだと。

つまり、我が子を抱いた時は、育児の葛藤やら苦労やらも伴うので精神的に不安定だったりする。だが「孫」を抱く時は、幸せを手放しで受け入れられる余裕がある。孫を抱いた時が、幸せドーパミンが最高に出る瞬間。つまり女性ができる人生最大の親孝行は「母に孫を抱かせ、最高の幸せドーパミンを出してあげること」なのだと。

「……ってことなんだ。だからここは、人生最大の親孝行だと思って、女子友との遊びを我慢したらどう？」

彼女は女子友との約束をキャンセルし、女子とは疎遠になったが、彼氏を優先した結果、今は一児の母として、夫となった彼と幸せそうだ。

僕の母ヒデコ（でぶ）がよく言っていた、「負けるが勝ち」と。

ここで言うなら、結婚という勝利を得るためなら、本来合コンと疑われ「女子会よ！ウザすぎ！」と戦いたいところを、彼の前ではバカなフリして負けてあげる、出かけるのをやめてあげることが実は自分にとって勝ち。そういう考え方。

そう、結婚生活なんて「負けるが勝ち」の繰り返し。

漫画『あしたのジョー』に登場する〝**ノーガード戦法**〟は、夫婦やカップルにおいても有効だ。ファイティングポーズして戦おうとすると肩に力が入り、うまくいかないこともある。そこで、相手に対して、**両手をブラリと下げて無防備にし、**殴りたいなら殴ってきなさい的な力の抜き方をすると、こっちにも力が入ってない分、殴られても痛くない。怪我もしない。

カップルや夫婦にケンカはつきもの。

僕も、普段やらない家の皿洗いを良かれと思ってやってあげたら、「なんだこの洗い方は！　ぬるぬるじゃねーか！　ザッツ雑男だな。ヒデコ（僕の母）みたいに洗剤ケチってお湯で洗えばキレイになると思ってんだろ。油は全然落ちないから、お湯じゃ」と、罵倒《ばとう》される。

昔なら「せっかく洗ってやったのに、ふざけんな！」と逆ギレした結果、

「はあ？　〝洗ってやった〟だと！　トシさん（鎧塚俊彦シェフ）みたいな有名なシェフでも洗い物は全部やるっていうのに、なんだよ、お前は！　チンカスのくせに」

などと返され大炎上したものだ。

しかし今や、そんな時はまずノーガード戦法。悪いと思ってなくても謝る。ファイティングポーズで立ち向かわないことにした。相手に言いたいだけ言わせ、**好きなだけ罵倒させてあげる。**負けてあげてるんだから俺が勝ちなんだと自分に言い聞かせて。すると、鬼も言いたいだけ言ってすっきりしたのか意外と早く静かになる。

（勝った！）

恋愛も結婚も、負けるが勝ち。

勝ってるつもりでホントは僕が負けてるのかもしれないが、ま、これでいいのだ。

不倫中の女性に告ぐ！略奪愛は、略奪される

「デブ」には2種類ある。

「肥満」というと、どこか病気っぽくて暗く、何か食べていれば「まだ食べるの？」と言いたくなるような、マイナスイメージしかない。

しかし「ポッチャリ」というと、明るく元気で、食べているだけで「美味しそう」に見え、プラスイメージがある。

それと同様、「浮気」にも2種類あって……。

「不倫夫」というと、陰湿でむっつり。ドロドロして、家庭崩壊に導く〝略奪愛〟を連想させるネガティブな浮気。マイナスイメージしかない。

一方、我々のような**「浮気おじさん」**は、いわゆる**オープンスケベ。**都合のいい言い方と怒られそうだが、誰も傷つけないよう努力を惜しまず、浮気をご褒美に日々頑張り、家庭に還元するポジティブな浮気。ゴルフや釣りと同じ趣味の1つ〝レジャー〟とも言う。

日頃家庭を顧みない分、罪滅ぼしのように週末を家族と過ごしたり、記念日は欠かさずサプライズするなどの工夫もあるので、多少はプラスイメージも感じていただきたい。勝手ながら。

そんなことを踏まえていただいたうえで、我々のような「浮気おじさん」でなく「不倫夫」と不倫してる独身のあなたに言いたい。相手に家庭があると知りながら、それでもいいのと言いながら、彼が奥さんと別れ、結婚できる日がくると密かに願ってるあなたに！何の映画の影響か「不倫こそ純愛」と自分に言い聞かせてるヒロイン気取りのあなたに！おじさんはハッキリ言いたい（自分がやってることをいったん、**棚に上げるが。**笑）。

「明日にでも別れなさ――――い！」と。

妻子あるその男は、なぜあなたにそんなにやさしく、なぜあなたにとって他の男のことなんか考えられないほど素敵に見えるかわかってますか？

それはね、**彼が他人の物だからよ。**わかってるとは思うけど。

隠れ家的なビストロやワインバーであなたをうっとりさせてくれるのは、家庭を持つ余裕があるからできること。「君とは本当は結婚なんてできないのに、ウソついてごめんね、俺がただヤリたいだけなのに」という罪悪感からくるやさしさ。

たとえば、子供の頃、ばあちゃんの家で夏休みを過ごした時、何週間も泊まってると、日に日にイヤミで意地悪になっていくばあちゃんが、日帰りだと妙にやさしい。それと似ている。

やさしいだけじゃない。きっと「セックスの相性が世界一」とか言うんでしょ？

あなたはご存知ですか？　口約束でも「婚約」は成立するが、ベッドの上での婚約、つまりピロートークは、特に「誠心誠意の状態ではない」となり、婚約として認められないケースがある、ということを。

彼らは、あなたと**ヤリたい一心**で、こんなことを言う。

「嫁と別居中だから」「冷め切ってるから」「今、弁護士に相談してるから」「モメてて、裁判が停滞してるから」「もうすぐ決着つくから」「待ってて」

どれも不倫夫の常套句だ。

「ゲスの極み乙女」のゲスLINEにもあった。「卒論書くから待っててほしい」と。

周囲の泥沼不倫をたくさん見てきた、おじさんは言いたい。

「略奪愛は、略奪されるよ！」

芸能界にもそんな例は枚挙にいとまがない。**七福神のような名前**のミュージシャンHさんが、巨乳のTさんとW不倫で話題となった時、ワイドショーを見ていた鬼は言った。

「やっぱり、略奪すると略奪されるんだよ」

たしかにHさんは、糟糠《そうこう》の妻（売れる前に苦楽を共にし支えた妻）のYさんがいる時に、歌手で女優の美人Iさんと不倫の末、結婚。当時〝略奪愛〟と報じられた。W不倫のHさんとTさんは結婚こそしていないが、『フライデー』のキス写真を、**略奪したIさんが責められる立場じゃない、**ってことだろうか。

女の意地の悪さ満載な、鬼のその法則も、あながち間違ってなく、芸能界や、僕の周囲の略奪婚した人がその後、略奪される例は意外に多い。

ハゲはハゲにハゲと言えない。ブスはブスにブスと言えない。

せっかく手に入れた夫が、そのうちあなたに冷め、同じように不倫しても、あなたに咎《とが》める権利がないなんて、悲しすぎる。

「私たちの場合は略奪じゃないの。だって、出会った時すでに彼は妻と別居してて、別れる話はついてたので」とおっしゃる女子もいる。

だがそれはあなたの都合であって、奥さんや家族からしたら、結果的にはあなたに略奪されたことになる。

略奪して得た夫は、いわば**「吠えない番犬」**と同じ。

本来、番犬は、見知らぬ来客に吠える。飼い主に知らせるのが使命。しかし、あなたが不倫しているその彼は、あなたという〝来客〟に吠えなかった。

あなたにだけやさしく、あなたにだけなついて、あなたにだけ吠えない。そう思って好きになったのかもしれないが、よく考えてほしい。果たして「吠えない番犬」は、本当にあなただけに吠えなかったのだろうか。

吠えない番犬は、実は、誰にも吠えない犬だ。だから、また別の来客にも吠えない日がくる。**あなたに吠えなかったのだから、**急に吠える犬にはならない。

そんな悲劇のスパイラル。略奪すると、自分が略奪される。ブーメランのように返ってくる。略奪されやすい男は、やっぱり略奪されやすいのだから。

その知恵の輪をほどいたのはあなた。そして、あなたが他の女性よりも勝ってるなんて決められませんよね？　きっと彼は、他の人にもほどける知恵の輪だ。

明日、別れを告げよう。

以上、浮気おじさんが言わせてもらいました。**自分のことを棚に上げて。**

「夫が痴漢で逮捕されても信じてあげる」それこそが、結婚

我々の人生を大きく左右する「結婚」。それによって形成される一夫一婦を基本とした「家族」が、いったいいつから生まれたのかルーツを探ってみた。ある本によればこうだ。

原始時代。猿やゴリラがそうであるように、人類も一夫多妻のハーレム型だった。いろんな女とヤリまくり、どんな女が、どんな子供を産んでもいい。数が多ければ良かった。

猿のマンドリルの顔がカラフルだったり、ライオンのオスが派手だったりすることからもわかるように、動物は、オスのほうがメスより華やか（カブトムシやクジャク、グッピーなどもオスが派手だ）。それは、〝メスが〟オスを選ぶ**フィメイル・チョイス**だから。

一方、現代の人間は、女性が派手で華やか。女性が、男性からの告白やプロポーズを待っている、つまり〝男が〟女を選ぶ**メイル・チョイス**。だから女性が派手になり、華やかに着飾る。動物と逆。ならば人類は、そのような〝男が〟選ぶメイル・チョイスに、いつからなったのか。

150万年前頃から、男は「家族を持つこと」に喜びを感じ始めたと考えられている。進化と共に、より良い遺伝子を残したいと、質を求めるようになった。ここから徐々に、〝一夫一婦制〟になっていく。というのも、自分が狩りに出かけてる間、子供を守ってくれる女がいい。しっかり者で、ちゃんとしてる女がいい。そういったことから男が女を選ぶメイル・チョイスになった。女は男に選ばれるよう、おしゃれを覚え、華やかになる。男は、家族のために狩りを頑張る。女は何とかして男が得た収穫を自分と家族にすべて回すように、つまり他の女に使われないよう、浮気されないよう頑張る。

こうして、〝一夫一婦〟がルールになり、結婚という法律で守られるシステムが生まれ、現代につながっている。もともとは、より良い遺伝子を残したいと男が作った家族、一夫一婦、メイル・チョイス。なのに男は、やっぱり数多く残したい〝本能〟で、時々、狩りで得た収穫を他で使い、浮気する。勝手なものだなとも思うが、まあ、仕方ない。

鬼は言う、「どこぞの女にお前がカネをつぎ込んでると思うとムカつく」と。考え方が原始人。

話は変わるが、××が痴漢で逮捕のニュースが流れるたびに、鬼は、僕に言う。

「おい、痴漢で捕まるんじゃねーぞ、変態おやじ」

「痴漢、しないし」

「そっか、毎晩、合コンで女のケツを好きなだけ触ってるもんな」

たしかに僕は、合コン終わりにみんなで乗るエレベーターなどで、ふざけて痴漢ごっこをしているかもしれない。だから電車で痴漢などする必要はないのかもしれない。

以前、飲んでる時、女子から「結婚すべき男って、どういう風に判断したらいい？」と聞かれ、こう答えたことがある。

「もしその男が痴漢で逮捕されて、世界中の誰もが彼を犯人と疑っても、彼を信じて守ってあげたい男かどうか、かな」

ただ好きとか、一緒にいて落ち着くとか、やさしいとか、価値観が同じとかでは、結婚相手としての見極めが緩い気がする。

結婚という運命共同体を形成すれば、「旦那が痴漢で逮捕」は極端だとしても、どちらか一方に予期せぬ最悪の事態も起こりうる。そんな時、ただ好きな人では、「幻滅、がっかり、そんな人だと思わなかった」で心が離れる。すると、離婚につながる。

結婚とは、どんなつらいことがあっても、2人でポジティブに考えられる **〝予期せぬことと切り抜け選手権〟** だ。

もちろん、夫が痴漢で逮捕、なんてことが起きてはいけないけど、たとえ起きてしまっても、そんな相手を選んだのは自分だし、もしホントに夫が痴漢したとしたなら、「痴漢するような状態に追い込んでた妻にも責任があるんじゃないか」と、そこまで考えてあげられる相手かどうかな気がする（そっか、うちの鬼の場合、僕が痴漢で捕まらないよう合コンを許してくれているのか）。

そんな鬼との結婚を通して、僕の価値観が大きく変えられたことがある。

「稼いでる夫が偉いわけでもないし、専業主婦が偉くないわけでもない。家事育児は立派な仕事で、稼ぎに価する。そして、多く稼いでるから偉いわけでもないということ」

このことは、鬼が僕にムチ打ちながら教え、やっと理解できた。

そして、結婚19年目にして思う。

夫婦は「5：5」であり、幸せとは、その2つの数字を掛けた値なのだと。

我が家は僕の威厳がないから「夫3：妻7」のようにも見えるかもしれないが、何だかんだ言って、幸せなので「5：5」なのだと思う。どっちが3でも、どっちが7でもない。あくまで同じ5ずつ。

そして、夫婦として掛け算した場合、夫が威張ってる7：3の家より、奥さんが圧倒的に強い2：8の家より、一番大きい値になるのが、5：5。

7×3＝21、2×8＝16。しかし、5×5＝25。

幸せ指数は、5：5が最大になるのだ。

どちらかが強くても、どちらかが弱くてもダメ。何だかんだ言いながらも、バランスよく支え、支え合っているのが夫婦なのだと思う。

ちなみに、うちの鬼に「もし俺が痴漢で捕まったらどうする？」と聞いたらひと言。

「お前を即、死刑にしてもらう」

まだまだ僕の立場は弱い気がした……。

第2章 浮気男の心理を読んでこう対処するのが正解

人類は「浮気」によってサルから進化しヒトになったと考えてみる

我が家の鬼は、あらゆる場面で僕にカマをかけ、夫の浮気行動を見破る、鬼の浮気刑事《デカ》だ。

僕がリビングで、鬼に見えない角度でLINEをしてるのに、「〝きのうはごちそうさまでした、ハート〟（バカ女口調）、に返信してんじゃねーよ！」と、まるで今見てるかのようにズバリと当てる。

また、合コン終わりに女子をタクシーで送ってる途中、「おい！　いつまでBカップのブスとイチャイチャしてんだ、早く**パンツ履いて**帰ってこい」と鬼LINEがきて、どこかで見てるのか？　とビビることがある。

ある日、鬼にその手の内を聞いたら「LINEの緑の画面がお前のメガネのレンズや後ろのガラスに反射してるし、赤いハートってことは、そういう内容だろ？」と言われ、監視能力の高さにドキっとした。タクシーについては完全な「カマかけ」らしいが、実に鋭くて恐ろしい。
我々浮気おじさんが浮気行動を起こし、妻たちは見破ろうと躍起になる。このイタチごっこは何なのだろう？

男は、「浮気」することで巧みな言語を覚え、一方、女は、男の「浮気」を見破るために、女子同士のコミュニケーションが巧みになり、賢くなった。つまりこうだ。

「浮気をするから人間になった」

そんな仮説を唱える動物行動学研究家がいる。竹内久美子氏だ。その著書『浮気人類進化論』によればこういうことである。

過去の偉人たちによれば「人間の高い知能は、狩猟や戦争によって発達し、その過程で言語が必要になった」と言われているが、著者はまずこれに反論している。理由は、我々の言語は、闘いに勝つための道具と考えた時にあまりに複雑すぎるから。また、争いに参加したのはほぼ男性にもかかわらず、男女どちらも言葉をしゃべれるのはおかしい、と。

ならば人間が巧みに操る言語はどう発達してきたのか？　動物行動学からすると、動物の至上命題とは「子孫を残す、自らの遺伝子を後世につなげる」こと。

人間界では、一夫一婦制をとることがほとんどのため、夫は妻の貞節を信じて狩りに出かけ、逆に妻は夫が浮気せずに狩りに精を出すことを信じている。だが夫は、出先で狩りに余裕があれば、より多く自らの遺伝子を残そうと、**本能的に妻以外と「課外活動」し、**何食わぬ顔で帰宅する。この時、狩った獲物は妻以外に与えて減っているかもしれない。

そして、夫が「課外活動」で成功するには、うまい言葉遣いでいかに女をその気にさせるかが重要。つまり男性側の言語能力は、「浮気」によって進化してきたのである。

一方、妻たちは、狩った獲物の取り分が減らぬよう、夫の浮気を防ぐ手立てを考える。そこで妻たちは、近所の女性たちと立ち話をし始めた。お互いがライバルとして牽制しあうのでなく、情報提供者として同盟を結び、「誰が、いつ、どこで、何をしていた」「いつもと違う方向へ歩いて行った」「あの人は最近オシャレになった」などという一見たわいのない会話から、夫の浮気のヒントを得る。見破る技を得る。**妻たちが立ち話をするためには言語を操る必要があり、**女性側の言語能力は、こうして発達してきた。

……と、動物行動学研究家である竹内久美子氏は述べていて、なるほどなと思う。

そう考えた時、もしもあなたの彼氏または夫が、まったく浮気をしているように見えないとしたら。もちろん、本当に浮気してない「誠実な夫」の可能性もあるが、でも先ほどの動物行動学的見地から考えると、夫の「何食わぬ顔での帰宅」が巧みで、「獲物が減ったように妻に気づかれない、バレない努力」が優れているのかもしれない。

竹内氏が説くように「浮気するから人間になった」とするなら、パーフェクト浮気ヒューマンは、**火を扱うサルならぬ、女子のハートに火をつけるサル、**言語能力が巧みな人類の進化形だ（たしかに、芸能界〝好色一代男〟は、明石家さんまさん始め、みんな、おしゃべりが上手い）。

また「浮気を見破るのが得意な妻」も、カマかけや、探りの言葉のチョイスを含め、コミュニケーション能力が優れた進化形かもしれない。つまり、「浮気夫」と「見破り妻」のイタチごっこを、人類の「進化の過程」と考えてはどうだろうか？

そして、「よその浮気しない夫が羨《うらや》ましい」と思うのでなく、「うちの浮気夫は言語能力が優れたサルで、逆によその浮気しないマジメ夫は、しゃべりが下手くそな、つまんない夫」と思うと、少し楽な気持ちになれないだろうか？

夫の「浮気心」の息の根を完全に止めてしまうことは、もしかしたら、言語能力を衰えさせ、進化を止めてしまうことになるのかもしれない。

そう思って、あなたのお宅の浮気夫を、大きな気持ちで許してさしあげれば、同じ穴のムジナならぬサルとして、我々浮気おじさんも、これ幸いである。

軒《のき》を貸すけど母屋は取られない
～ベッキーが教えてくれたこと～

我々は、ベッキーの不倫騒動から多くの重要なことを学んだ。
まず、男子はこれを学んだ。

1 既婚者であることを隠して女性を口説いてはいけない。

2 「もうすぐ離婚するから」と彼女に期待させてはいけない。

3 離婚が成立してもいないのに彼女連れで帰省してはいけない。

4 ケータイとLINEアカウントの管理は重要。古いケータイを放置していると、パソコンと同期して勝手にデータを抜かれたり、クローンを作成されたりして、アレコレだだ洩れになってしまうので危険（それらがLINE画面流出の原因とされている）。

そして、女子はこう学んだ。

1 日頃ストイックに仕事しすぎると、いざ恋をした時に暴走しやすい。

2 「純愛」は、見方によっては「ただの独りよがり」である。

3 大人になるということは、それなりに恋愛を経験し、自らの恋心をコントロールできる力をつけることである。

4 「離婚届」を「卒論」とか言っちゃう既婚男は信用ならない。

5 「女性の不倫」は「男性の不倫」よりダメージは大きい。

あの夫婦が、なぜああなってしまったのか、その実態はわからない。ただ、よくあるケースから想像するに、男が結婚生活にストレスを感じている最中、出会ったかわいい女性がやけに自分に積極的なものだから、ついつい浮き足立って夢中になり、余計に妻の束縛がうっとうしくなってくる。とはいえ既婚であることを彼女に知られたら嫌われてしまいそうだからそこは隠して口説いた結果、彼女がもう後戻りできない状態になって、その実態に妻がキレ、あんなことが起きたのではないかと推測する。

男、奥さん、彼女の中で、最も悲しい思いをした被害者はやっぱり奥さんだ。あの不幸を招かないためにも、世の妻たちに、我々浮気おじさんは言っておきたい。

「女房と畳は新しいほうがいい」とはよく言ったもので、男は結婚しても新しい畳が恋しくなることがある。既婚者だって、たまには恋したい。

その時に、「うちの妻は厳しいから、**新しい畳のイグサの香りを嗅いだだけでも殺され**

る」とビビらせるのでなく、「新しい畳もいいけど、やっぱり**家の畳が落ち着くなあ**」と戻って来させる教育が大事。

頭ごなしに「新しい畳を嗅ぐのも禁止」とやると、教育ママに厳しく育てられた少年が、親の財布から盗んだお金で隠れてゲーセンに通うように、ウソをついてまで畳を嗅ぎに畳屋に通うようになる。「畳を買いたくて」という男の言葉を店主は信じる。本来、買うつもりなんてなかったのに、ただ新しい畳の匂いを嗅ぎたかっただけなのに、男も引っ込みがつかなくなる。

だから、家の畳が畳ごと取り替えられるぐらいなら、新しい畳の匂いぐらい嗅がせてやればいい。杓子定規《しゃくしじょうぎ》に言えば、それは夫の浮気、不倫かもしれない。でも、〝軒を貸して母屋を取られる〟のが怖いから、ビタ一文、軒は貸さない、という考えもわかるが、女性が思ってる以上に、男は女に軒を貸したがる。女性は気軽に軒下に入って雨宿りしようとしてくる。ならば、**母屋ごと持ってかれない軒限定での遊び方**を学ばせればいい。

そして、軒を借りる側の女性に「母屋がいただけそう」（結婚できそう）と思わせるような軒になってはいけないのだから、自分の夫が、既婚であることを隠してまで口説いて浮気するような男にしない。日頃から「ここまではセーフ、ここからは絶対アウト」という、**「軒」のゾーン**を夫に教えてあげる。

テコでも動かない母屋の柱の太さ、頑丈さ。それでいて、軒ぐらいなら貸し出して平気という器の大きさ。それがあったら、きっとあの男も母屋の存在を隠さなかっただろうし、母屋の存在に気づいたあの女子も、その軒下で雨宿りしようとなんて思わなかっただろう。少なくとも、母屋に入れる期待をせずに軒下で過ごしたであろうことは想像に難くない。

未婚の女子は、タイプの男性と出会って雨宿りしたくなった時は、軒を借りる前に、この軒は母屋があるのかないのか、ちゃんと確認してから借りたほうがいい。万が一、軒を借りてるうちに母屋の存在に気づいた時は、潔く別の軒を探すのでもいい。

母屋あっての軒下だ。母屋がなかったら、「彼という軒下」は存在しないと考え、母屋をライバル視しない。母屋に入ろう（略奪婚）なんて生意気なことを期待せず、軒下で可能な限り、まさに「雨をしのぐ」ような時間を楽しむのだ。するときっと、空の向こうに虹が出て、やがて晴れてくることだろう。

結婚生活、常に晴れとは限らない。雨はつきもの。

サザンオールスターズの歌にもあった。

「思い出はいつの日も……雨」

「我々はみかんや機械を作ってるんじゃないんです！　夫婦を作っているんです！」

1980年代、学校が荒れ、校内暴力が社会現象になった当時、ドラマ『3年B組・金八先生』のこのセリフが話題になった。

「我々はみかんや機械を作っているんじゃないんです。毎日人間を作っているんです。人間のふれあいの中で我々は生きているんです」

箱の中で腐ったみかんが1つあると、他も腐ってしまう。だから排除してしまおう。クラスに不良がいたら退学させ、転校させてしまおうという「腐ったみかんの方程式」だ。夫の中に見つけた**〝浮気性〟という、いわば腐ったみかん**を、夫という人格の中で、どう処理しようか。また浮気夫という腐ったみかんにどう向き合うべきか、奥さんたちは悩む。それこそ、腐ったみかんの方程式で、夫を捨ててしまう奥さんもいるだろう。夫の浮気発覚＝離婚となる夫婦も多い。

しかし待て待て。「我々はみかんや機械を作ってるんじゃないんです！　夫婦を作っているんです！」と、僕は言いたい。

うちにいる鬼は、ただの鬼嫁とは違う。〝恐怖政治〟が必ずしもいい結果を生まないことをわかっていて、僕のことをほどよく泳がせる。そこがまた、鬼のように鬼。

「合コンか？　バカな女にだけは引っかかんじゃねえぞ！」僕にそう言い放つ。

〝浮気心〟という腐ったみかんを全否定せずに、存在は認めたうえで、「バカな女にだけは引っかかるな」と注意を促す。家庭を壊す女、仕事の邪魔する女、被害者ぶって金を要求してくる女。具体的には言わないが、きっと鬼の考える「バカな女」とは、夫にマイナスをもたらす、そんな〝さげまん女〟のことを指すのだろう。

思うに、浮気には**「ダメな浮気」**と**「かわいい浮気」**があり、「ダメな浮気」は、バレた時の状況として、もはや逃げ場のない（言い訳のしようがない）浮気。一方「かわいい浮気」は、まだ逃げ場のある（解釈のしようがある）浮気だと思う。

大きな違いは、「場所」と「相手」だ。

芸能界にも「ダメな浮気」は多い。浮気が発覚した「場所」が自宅で、しかもクローゼットに浮気相手が隠れていたという衝撃不倫が話題になったが、あれは逃げ場がなさすぎる（なんでホテル代ケチるんだよ、稼いでるのに……と、浮気おじさんたちは**ワイドショーにつっこんだ**）。せめて「場所」が、自宅でなくシティホテルだったら、まだ打ち合わせ等という言い訳のしようもあったし、そもそもバレることもなかっただろう。

小倉優子さんの妊娠中に夫の浮気が発覚した時、その「相手」が、奥さんの事務所の後輩だったが、これも「ダメな浮気」（よりによってその女にいくかね！　ほかがあるだろうに……と、浮気おじさんたちは**ネットニュースにつっこんだ**）。

せめて「相手」が見知らぬ女だったら、まだ「魔がさした」と土下座すれば修復の道もありそう。だが、奥さんも顔見知りの後輩ではあまりに生々しく、「裏切られた感」「ナメられた感」がハンパない。ショックの傷も深いだろう。

『ワイドナショー』（フジテレビ）で、不倫にまつわる厳しい風潮に対して松本人志さんが放ったコメントに、我々浮気おじさんたちは、大きくうなずき、拍手した。

「こんだけ不倫ダメダメって言われたらテンション下がるよね。男としてさ、生き生きしたいじゃない？　もうこれだけ絶対ダメな雰囲気を出されたら〝英雄色を好む〟っていうのは死語になってる。**〝色を好まないのが英雄〟**というふうになってる」

当時、宮崎議員が自宅に不倫相手を連れ込んだ行為に対して松本さんは、「奥さんいる人や旦那さんいる人が、家に連れ込んでっていうのは本当に信じられなくないですか？下品極まりない。鼻くそ食べてるようなもん。全然スタイリッシュじゃない」と酷評。続けて、「彼はモテるわけじゃないんでしょうね。へたっぴなんですよ。本当にモテる人はもうちょっとうまく……。全然スタイリッシュじゃないわ」と語った。

さすが松本さんだ。色を好む賢い英雄はこんな初歩的なミスはしない。ルールあっての〝レジャー〟（浮気）。当然のことだが〝レジャー〟にはカネが要るし、何より「場所」と「相手」を間違えない「マナー」が必須なのだ。

それができない男は、ソープへ行け！（北方謙三先生風）。

我が家の鬼は、僕によくこんな殺し文句を言う。

「気をつけろ、お天道様《てんとさま》がちゃんと見てるからな」

孫悟空が悪さをすると頭を締めつける金の輪っかのような鬼の殺し文句は、時々、猿のような僕の頭を締めつけ、ピリッとする。

しかし万が一、万が一魔がさしそうな時は、せめて「相手」と「場所」だけは気をつけようと思う。腐りきったみかんとして、捨てられないように。

男がルパンなら女は銭形警部であるべし。
〜トムとジェリー、仲良くケンカしな〜

鬼は、僕の〝浮気の尻尾〟をよくつかむ。

本当はデートだったのを「仕事の打ち合わせ」とウソついて酔って帰宅し、夜中に油断してリビングでテレビを見てると、鬼が来た。

「おい！　お前、打ち合わせとか言って、デートだろ！　〝19時、マリコ、ドムス〟って！6時間もどこで何してたんだ？　**やっただろ⁉**」

鬼の手には、カバンから出した僕のスケジュール帳が。カード明細も財布から抜いた様子。ウソつくということはやましいことをしてる証拠だと詰め寄られる。

「バレてんだよ！　死ね！」とスケジュール帳を僕に投げつけ、終了。

そして僕は学ぶ。鬼が見たら疑う予定を、そうだと推測可能な言葉で書き込んではいけない。以来、見られて誤解を招く内容は、手帳でなくスマホにメモることを学習した。

ほかにも、我々浮気おじさんは多くのことを学習する。

●女子とハグした帰りは、**服にファンデーションがついてないか**チェックして帰宅。

●女子からもらったプレゼントは、家に持ち帰ると怪しまれるので**持ち帰らない。**

●帰宅後**すぐに風呂に入る**と怪しまれるので、すぐには入らない。

●出かける前に**入念な服選びをすると、**「デートだろ」が図星だったりするので注意。

●急に**珍しいアーティストの曲**を聞き出すと「女が変わったか？」と突っ込まれる。

などなど、あらゆる角度から〝浮気の尻尾〟はつかまれ、危機管理能力を高めていくようになる。

しかしそれは完璧ではない。『ルパン三世』に似ている。

銭形警部がルパンの尻尾はつかんでも、手錠はかけても、なぜかまた、するりと逃してしまう。夫婦も同じ。完全に捕まえてしまったら、逃さなかったら、**『ルパン三世』という物語は終わってしまう**ように、結婚生活は終了してしまう。

鬼に尻尾をつかまれ、「もう終わった」と思ったあの事件の時もそうだ。

あれは、鬼のママ友、Kさんの豪邸マンションで行われたホームパーティの時だった。

そこには、いつも決まってやってくる、通称〝アサヒルばん子〟(鬼が命名。年下彼氏と**朝・昼・晩・晩・晩、**1日5回Hしてるから、らしい)と呼ばれるバツイチのママが、その日もいた。43歳のばん子は、かつて某プロ野球選手の妻だったらしく、いつもセクシーな衣装で現れ、酔っぱらうと男女かまわずやたらスキンシップをする。

握手、ハグ、ボディタッチ……。

僕もスキンシップは大事だと思う。欧米並みに日本人も、もっとスキンシップを！　という思いで、スキンシップしてくれそうな女子に会うといつも、「僕、実はスキンシップを推奨する**日本スキンシッパーズ協会の会長**なんですけど、もしかして会員の方ですか?」と真顔で質問する。たんなるお触り好きを、立派な肩書きっぽく言ってるだけなのだが、カンとノリのいい女子だと、「あ、会長！　私もスキンシッパーズ協会に入りたいんですけど！」と返してくれる。

こうして2人は協会の規定により(そんな協会も規定もないが)、スキンシップが公的に許される(いやどうだろう?)。会員の背後に回り、会長が肩揉みをしてあげながら、たまに右手が「あ、ごめん」と滑って胸に当たったりするが、会員同士なので、場は和む。

そして、Kさん邸ホームパーティの常連ばん子もノリがよいスキンシッパーで、鬼の目を盗んでは、僕もばん子とイチャイチャしていた。

宴もたけなわな頃、ばん子がトイレに行くあとを、僕もついていった。いわゆる合コンでいう**「恋の連れション」**（2人でトイレに行くと恋が芽生えやすい、合コンの鉄則）だ。

だが、あいにくトイレは使用中。ばん子が気分が悪く吐きそうと言うので、2戸ぶち抜いた作りの広大なマンションの奥にある、もう1つのトイレに、僕はばん子を案内した。

するとそこは誰もいない広いリビング。みんなといた部屋の喧騒とはうって変わって静かで、タワーマンションの大きな窓から広がる都会の美しい夜景を眺めながら、ばん子と**〝協会の規定〟**を楽しんだ。


――僕は女子を介抱しているだけだ。介助して〝抱く〟と書いて介抱。だから抱いてもいい。吐きそうな人の口に、指を突っ込んであげると気持ち良く吐けると習った。今、**指でなく舌を**突っ込んでしまっているが、ま、これもスキンシップの一環か。無理やり自分にそう言い聞かせながら、夢中になっていた。

すると、廊下から足音が聞こえ、慌ててハグ姿勢から背中をさする姿勢に変えた。

「何してんの!?」

鬼が来た。

「あ、なんか、気持ち悪いって言うから……」

「人の目を盗んでイチャイチャしてんじゃねーよ！　バカだろ！　私の友達の家で何してんだ？」

さっきまでリビングでイチャついてた〝会長と会員〟が、ここで何してたかは想像に難くない。ブチ切れた鬼に僕は首根っこをひっつかまれ、警察に連行されるように即帰宅することになった。


その後、僕にはある〝罰〟が下されたのだが、それにしても、あそこで本気で〝現行犯逮捕〟しようと思ったら、足音など立てず、そっと覗き込み、ことの現場をスマホで録画することもできた。僕を離婚調停に追い込み、鬼が有利になる証拠として叩きつけることだって可能。

しかし、**銭形のとっつぁんのような鬼は、**あえて、それをしない。逮捕できそうなのに、しない。手錠をかけても、するりと逃がしてしまう。逮捕してしまっては、「ルパーン！待て～」という物語が終わってしまうからなのか。鬼は言う。「嫁もいる会であってことは、いないとこでどんだけ好き放題やってんだ、って話でさ……！」

たしかに、おっしゃる通り……いやいや、そうでなくて（笑）。あれは、修学旅行の夜、先生の目を盗んで女子部屋へ忍び込むスリリングさ。子供だって、「食べ物で遊んではいけません！」ってママに怒られるとわかっているからこそ、チキンライスを泥だんごのようにして遊ぶと楽しい。それと似ている。

数日後、僕に下された鬼からの罰は、「汚らわしいから、指1本触れるな」だった。以来、頼んでも〝スキンシップ〟はさせてくれない（笑）。

だが僕は、だからこそ毎日、家の廊下やリビングで鬼とすれ違うたびに、今度は銭形でなく峰不二子にせがむルパンのように、お尻をペロンと触り、そのたびに「触るな変態！ばん子とやれ！」と怒鳴られる日々を送っている。はたから見たら、仲がいいんだか悪いんだか……。

ことほどさように、夫婦というものは、〝ルパンと銭形警部〟や、〝トムとジェリー〟のように、**「仲良く喧嘩しな」**なのである。

カレの浮気を知った日。それは2人の「結束力選手権」スタートの日

浮気した帰り、世のおじさんたちは、奥さんに疑われないよう、いろんな工夫をする。ある浮気おじさんは、女子を送ったあと、家に帰る前に必ず1人でバーに寄る。バーに寄って、ふだん吸いもしないタバコを買い、煙で女子のニオイを消す。そして必ずクレジットカードで支払う。すると帰宅後「タバコくさっ！」とは言われても「香水のニオイ、女といたでしょ？」とは言われない。そして万が一「女の家でしょ！」と疑われても、カード明細を見せれば時間が印字されているし、その店に電話されても1人で来たことは証明される。

たとえそれが隠す必要もない飲み会の帰りだとしても、浮気じゃなくて合コンだとしても、下手に疑われないよう、家族に心配させないよう、**心のシートベルトをし、**安全運転で帰宅するのが、我々40歳を過ぎた、ベテラン浮気ドライバーだ。

結婚19年目を迎えた今、我が家の「浮気疑惑」の歴史を振り返ってみると、それは、こすればこするほど硬くなる足裏の角質のように、**「浮気疑惑」という〝確執〟が〝角質〟を生んで**夫婦の絆を硬く強化して来たような気がしてならない。

僕はこれまで、何度となく鬼に浮気を疑われ、時には謝り、時には否定する、セーフとアウトの境界線確認作業の日々だった。

あの事件が起きたのは、忘れもしない、結婚して7年目のゴールデンウィークのことだった。もちろん、僕の日頃の浮わついた行動が招いたできごとなのだが、僕がまったく悪いことをしてない、浮気などしてないのに、「完全に浮気した！　認めないと許さない！」と濡れ衣を着せられ、それが原因で区役所に**離婚届を取りに行く**という事態にまで発展した事件だった。

鬼は長野に帰省し、僕は仕事があるので東京で過ごした。その中の1日、仕事がない休みができたので、ずっと行きたかった箱根の人気フレンチ「オーベルジュ・オー・ミラドー」のランチを予約し、1人で車を飛ばして行った。鬼に内緒で。ついでに、併設されている「コロニアル・ミラドー」の温泉つきエステも予約し、ランチ前にエステに寄って、汗を流したあとに食事という流れを、1人で楽しく過ごした。

すると数日後……。

家にいると、鬼のような剣幕で、鬼が来た！　僕を床に正座させると、どこで見つけだしたのか、その時のランチのメニューをテーブルに叩きつけ、「正直に言え。女と行ったのはバレてんだよ！　オーベルジュだか何だかで、その女とヤったんだろ？」

誤解だ。1名分の料金のカード控えを見せ、店に確認するよう言っても、どうせ店と口裏合わせてるだろうし、女の分は現金払いだろと疑う。いや、絶対そうだと断言する。

「なんで？　何を根拠に言ってるの？」

曰《いわ》く、その日、鬼の女友達がたまたま箱根にいて、「コロニアル・ミラドー」から「オー・ミラドー」へ続く遊歩道を歩く僕の姿を見かけ、「旦那さん見たけど、横にいたのユミちゃん？」とメールがきたという（ホント、女子というのは余計なことをするもんだ。あ、鬼の名前はユミコ）。

オー・ミラドーというのは宿泊できるレストランだが、泊まってないし、隣りにいたのはエステのお姉さん。オー・ミラドーまでの50メートルほどを道案内してくれただけなのに、完全に濡れ衣だ。**「それでも僕はやってない」状態。**

激しい口論が続き、あまりに鬼が譲らないので、僕は言った。

「100％浮気した、ヤったって、決めつけるんだな？」

「もちろん。こっちは目撃者がいるんだよ！」

「俺を疑って、友達を信じるんだ？　だったらもう無理……離婚だ！」

とブチ切れて、区役所に離婚届を取りに行った。本気で別れようとは思ってなかったが、身の潔白を証明するにはこうするしかないと、勝負に出た。

怒りに震えながら離婚届にサインし、叩きつけようとしたその時、鬼は、さすがに疑ったことをビビり、謝ってきた。内心よっしゃ！　と思いながら、こわばる表情を緩めず、ハンを押す。

その手を鬼は止めようとしながら、どうしたら許してくれるのか？　なんでも聞くから許してほしいと泣きながら懇願してきたので言ってやった。

「ヤってないのにヤったと思われるぐらいなら、ヤっといたほうがマシ。でもヤってない。だから、ヤったと決めつけたお詫びとして、**浮気していいチケット1回分、用意しろ。**そしたら許してやる」

冷静に考えたら、僕の言い分はめちゃくちゃだ。しかしその流れで鬼も言いくるめられて、それを了承。チケットをくれた。

この時、僕は思った。鬼はエライと。鬼のように怖いけど、鬼のように懐が深いやつだなど、改めて見直し、夫婦の結束力が強まったと確信した。

夫やカレの浮気発覚……。

「ピンチはチャンス」とか、「雨降って地固まる」とか、言い古されたフレーズを出すまでもなく、**足裏のかかとのように、こすればこするほど、絆という角質は強固になる。**そう、確執によって角質は硬くなるのだ。

ならば、浮気発覚した日は、２人の結束力選手権スタートの日と考えるべし。

ちなみに、僕の浮気していいチケットはいまだ使ってない。いつか本当にバレて、逃げ場を失った時に使おうと、ずっとキープしてある。

「浮気しない男」を信じる女は、サンタクロースを信じてるぐらいイタい

女性に質問です。あなたの夫（または彼氏）は、次のうちどれですか？

1　浮気しない男。
2　浮気が下手で奥さんにバレる男。
3　浮気が上手で奥さんにバレない男。
4　浮気が上手なつもりで実は奥さんにバレてる男。

この中で、2〜4を選んだあなたは、実に健康的な「奥さん脳」の持ち主であって、特に問題はない。

2は、気が小さく、ウソが顔に出てしまうナイーブな人なので、めったに浮気しないタイプだろう。

一方、3は、ポーカーフェイスが天才的に上手で墓場まで隠し通せるのだから、奥さんは不安も疑いもない。もはや「夫は浮気してない」のと同じ。ある意味、平和だ。

そして4に当てはまるのが、我々浮気おじさん。できれば3でありたいと願うのだが、時折しっぽをつかまれる。結婚後、10個の浮気があったとしたら、だいたい3個はバレてこっぴどく叱られ、5個はバレてないつもりが実はバレていて、そして2個は本気でバレてない。そんな割合な気がする。バレてないつもりが半分バレてる。なのにつっこまない奥さん。これはこれで平和だ。

さあ、そして問題は1を選んだあなただ。これを選んだ人は「奥さん脳」が実に不健康と、我々「日本医師会」ならぬ「日本意志が弱くて浮気しちゃうん会」の浮気おじさんは考える。なぜなら、あなたの脳は、**奥さんとして「イタい」から。**

合コンでたまに、理解しがたいファンタジーOLがいる。

「サンタクロースが実在し、プレゼントを届けてくれると本気で信じてる女性」

1を選んだあなたはそれぐらいイタい。

もちろん、誰もが幼い頃は、サンタさんを信じていた。大人たちは、巧みに僕たち子供をだました。幼稚園にやって来た白ヒゲのサンタを見て、本物だと心から信じた。しかし、年長のお兄さんが「あ、ネクタイしてる！　あれ市役所のおじさんじゃん！」と言ってサンタの実態を暴いたとき愕然《がくぜん》とした。が、そこで4歳の僕は、大人の世界を知った。

それと同様、「私の彼は絶対に浮気しない男」と信じるのは、サンタの存在を信じるのと同じ。もちろん「サンタがいない」という証明も難しい。もしかしたら我々が知らないだけで、本当はいるのかもしれない。同じように、浮気しない男（生涯、妻以外の女性に指1本触れない一穴主義）も、もしかしたらいるのかもしれない。

だが、2016年の現時点においては、一般的に「サンタがいる」と言ってる大人がイタい人であるのと同様、1を選んだあなたは、イタい。せめて「浮気しないと信じさせてくれる男」なら健康的だ（ってことは3なのだけどね、笑）。

もちろん、心の中で、理想や幻想を信じ続けるのは勝手だが、たとえば飲み会で、「私の彼は、100％浮気しない人よ」とか、「一生浮気しない男じゃなきゃ、結婚は絶対無理！」と発言するのは、「これ、サンタさんがプレゼントしてくれたの～」とガチの真顔で、本気で言ってるのと同じぐらい「イタい女と思われる」ことだけは、肝に銘じていただきたい。

さて、話は変わるが……。

我々浮気おじさんも、そうは言ってもファンタジー好きなところもあって、浮気デートしてる時間は、言うなればディズニーランドにいる時間だと思っている。浮気＝夢の国。普段だったら絶対しない、ミッキーマウスの耳をつけて、子供のように夢中になって、時には、憧れの変態おじさんになりきって楽しんでいる。束の間の浮気を。

ただし、彼女を家まで送り届けたら、ディズニーランド最寄りの舞浜駅で電車に乗ったのと同じ、現実世界。そこから家に帰る間に、**頭の中をリセットし、心の中の「ミッキーの耳」をハズす。**

でもたまに電車の中にいる。ディズニーランドのお土産持って、まだ耳をつけてる大人が。あれは浮気をそのまま家に引きずって帰るぐらい恥ずかしいこと。ちゃんと心の中の「ミッキーの耳」をハズして、身なりを整え、ファンデーションや口紅がついてないかをマンション入り口の鏡でチェックし、何食わぬ顔で家族が待つ家に帰らなければ、大人としてバカまる出しだ（たまに、ミッキーの耳をつけっぱなしで鬼にネコづかみされるのだが。ネズミなのに。笑）。

そして、さっきまで夢の国を楽しませてくれた女子も、**閉園時間になったら、潔く「心のミニーちゃんの耳」をハズし、舞浜駅へ歩いていただきたい。間違ってもゲートの前で**

「もっといたい！」とダダをこねないでいただきたい。

そういえば先日、ある真面目な47歳バツイチ女性を口説こうとしたら、「それじゃ女の子は落ちないわよ、Bさん、結婚してるのは隠して口説かないと。女ってのはね、自分1人だけを見てほしいのよ。女心がわかってない！　口説くのド下手ね」とガチでダメ出しされた（笑）。

いやいやいや……。我々浮気おじさんは、「既婚」という事実を隠してまで口説きたいわけじゃない。**ミッキーの中身は人間（既婚＝本来冷める話）という現実**はわかったうえで、でもそこには言及せずに、ディズニーランドを楽しみたいのであって……。

我々はあくまで、おとぎの世界で夢の時間を過ごしたいだけ。既婚を隠して口説いてほしいと望む人は、サンタを信じる女同様、我々にはイタい人に見えてしまう。

恋人はサンタクロース。〝手の早い〟サンタクロース。by明石家さんま

浮気男が最も恐れるのは、嫁と姑の結束力

今から11年ほど前のこと。結婚して7年、35歳の僕は、西麻布の某ビストロのカウンターで、巨乳女子大生とデートしていた。ノースリーブの白いニットから出た張りのある二の腕と胸の膨らみに興奮しながら、グラスのシャンパンで乾杯をした。

「あぁ、美味しいです〜」

「こうやってさ、グラスに耳を傾けてみて。ね、シャンパンの泡が弾ける音が、祝福する拍手のようにも聞こえるでしょ」

今思うと寒気がするそんなセリフも、当時の僕はさらりと言いのけていた。なぜなら当時、僕はかなり調子に乗っていた。3歳の娘がいるにもかかわらず、家庭もかえりみず働き、少しばかり稼いでるのをいいことに天狗《てんぐ》になって遊んでいた。

遊ぶのも仕事の1つだ。今日だって半分は仕事みたいなものだから。そう自分に言い聞

かせて……。というのも、その女子大生との出会いは、お世話になってる芸能事務所社長がセッティングした合コンだった。その事務所に所属する女子大生が就活中で、「この子の小論文、今度見てあげてもらえませんか？　２人で飯でも食べながら」と依頼されてのデートだったのだから。

女子大生と乾杯をし、これから楽しいデートという時だった。誰かにポンポンと僕の肩が叩かれた。知り合いかなと半笑いで振り返ると、そこには**鬼のような形相の鬼**が立っていた。

「こちらは、どちら様？」

「あ、ちょっと、仕事の……」

鬼は顔を引きつらせながら、女子大生に言った。

「**すずきBの家内**です、どうも」

「ええっ!?」

のけぞって驚く女子大生の顔を見て、鬼は僕に言った。

「はい、アウト！　**ごゆっくり**……ふんっ！」

そう吐き捨ててスタスタと歩いて出ていく鬼を追いかけたが、黙って帰ってしまった。

あとで聞いたのだが、鬼はたまたまこの近くに住むママ友の家に遊びに行ったその帰りだった。ビストロ通りを、ママ友とベビーカーを押して歩いていると、前から電話しながらこちらへ歩いてくる僕と女子大生にすれ違った。スルーしようとしたら娘が気づいて「パパ！」と言ったのに、僕が無視をした。ママ友の手前、黙ってられず、店に乗り込んで来たそうだ。

僕からすると無視はしてない。不思議なもので、人は、ありえないできごとを認識しようとしないところがある。そして電話している最中の、注意散漫さはひどい。ちなみに、この時言った鬼の「アウト」の意味は、「家内です」と名乗った時、女子大生が「え、結婚してたんですか？」という顔で驚いたことを指す。結婚してることを女に言ってない。だからアウト、という言い分だったが、僕は女子大生には言ってあった。女子大生は嫁と遭遇したことに驚いただけ。

どうしよう。でも待て、僕はそんなに悪いことをしてるつもりはない。だいたい、これで慌てて帰ったら、かえってヤマしいことをしてるようだ。そうだ。僕は、ケータイに入ってる離婚カウンセラー岡野あつ子さん（当時、番組で知り合い、仲良くさせてもらっていた）に電話した。

岡野さんは言った。「Bさん、奥さんと女子大生、どっちが大事？」「嫁です、けど」「ならすぐに帰宅して奥さんに謝らないとダメです」「でも岡野さん、ある意味これ、仕事だし、僕、何も悪いことしてないし、嫁に何を謝れって言うんですか？」

曰く、妻に誤解を招いたことを詫びるべきだと言う。女子大生のいるカウンターに戻り、さすがにすぐに帰るのもなと平静を装い「ごめん、ごめん、全然大丈夫だから。さて、何頼もうか……」とメニューを広げた。すると女子大生は、

「Bさん、帰ったほうがいいですよ、**手が震えてます**」

お会計して帰宅した。

恐る恐る玄関のドアを開けると、鬼が誰かと電話しながらキレてる声が聞こえる。リビングに入ると、鼻をかんだのか涙をふいたのか、テーブルにティッシュが散乱している。いったい、誰と話してるのだろう？

「お母さん、なんか買ってもらってもいいですよね？　はい、**高い時計でも**買ってもらいますわ」

電話の相手は僕の母親だった。キレながらすべてを報告していた。僕にとって一番チクってほしくない人、母ヒデコ（でぶ）。そこにさっそく電話を入れるとは鬼だなと思った。

以来、鬼はことあるごとに「ヒデコに報告するよ！」そう言って僕を脅し、僕は言うことを聞いた。今思うと、あの時が、**「妻」が「鬼」に変わる瞬間**だったかも。

それから半年、僕が、鬼と、そのママ友たち何人かでの食事の席で、「しかしあの時はビックリしたよ」と笑い話として語れるようになった頃、「いやあでも、あそこで偶然すれ違うって、確率で言ったら天文学的な数字だよな。そこに行く手前でどっちかが信号1つ引っかかって1分でもズレてたら、すれ違ってなかったわけでさ……」すると鬼は言った。

「はあ？　それだけお前がしょっちゅう、そういうことをやってるってことだろが！」

和気あいあいとした場が一気に凍りついたのは言うまでもない。

浮気という「安い肉」も、温度と湿度を保てばやがて「熟成肉」に

先日、鬼はポロっとこんなことを言った。

「それにしても、ある意味、オレ（鬼は自分をオレと呼ぶ）は鼻毛（僕のこと）の彼女たちに感謝だな。こんな鼻毛みたいな、粗チンのちんちくりんな男を相手してくれるおかげでオレが鼻毛の相手しなくて済んでるんだから……」

僕に彼女がいるかどうかは別として、いたとしたら彼女に失礼だろと思いつつ、鬼という、実にトゲトゲしていたワインの角が取れ、まろやかになってるということなのか。

世は空前の肉ブーム。

「レッドロック」のローストビーフ丼に行列し、「六花界」の立ち焼肉で男女が出会い、インスタでは〝フォトジェ肉《ニク》〟なる言葉が生まれ、美味しそうな肉の写真に「いいね！」が集まる。〝肉食女子〟や〝ホルモンヌ〟（ホルモン好き女子）も増えている。

そんな中、「熟成肉」がブームに拍車をかけるように人気上昇中。ワインセラーのような熟成庫で、一定の温度と湿度を保ちながら、風を当て続けると、水分が飛んで旨味が凝縮し、肉がやわらかくなる。

ワインやチーズ同様、「熟成」すると肉に付加価値が生まれる。しかしご存知だろうか、そもそも「熟成肉」というのは、元は堅くて使えなかったホルスタイン（乳牛）の肉を美味しく食べるようにするための、ダメ肉の有効利用術だったことを。

我が家にも「夫の浮気問題」という、どうしようもない〝肉〟がある。

結婚して18年以上、なかなか消えない、**まさに〝骨肉〟の争い。**

しかし、そんなダメ肉も、夫婦冷戦という乾いた会話で〝温度と湿度〟を保ち、鬼の小言やイヤミという〝風〟を当てながらじっくり寝かせて熟成してきた結果、そのダメ肉に、冒頭の鬼のコメントのように、最近ではだんだん旨味が出てきた気がする。

鬼は昔から、何の予告もなく、抜き打ちで帰省したり旅行に出かけたりする。いつ帰ってくるかも教えてくれない。

——天災は忘れた頃にやってくる。

ある夜、帰宅したら家族が誰もいない。その前日、娘の部屋に、隠すように旅行用の大きなスーツケースが2つ用意してあったのを覚えている。その時は娘の部活の合宿かなとも思ったが、今考えると2つはおかしい。鬼に「家出?」とLINEするも、翌朝になっても既読にならず。ってことは機内か？　どこへ行ったのやら。

鬼の言い分はいつもこうだ。

「お前に、いつからいつまで留守にすると教えると、背中に羽が生えて合コン・浮気、しほーけだろ。教えてたまるか！」（※「しほーけ」は「し放題」の意＝鬼用語）

たしかに僕はよく、鬼が帰省している留守中、**〝鬼の居ぬ間に洗濯〟**とフラフラ飲み歩いた。羽を伸ばして朝帰りした。するとケータイでなく家の電話にパトロール電話が入り、ケータイのテレビ電話にも連絡がきた。こちらも家に電話がきそうな時間にいったん帰宅してまた出かけて飲んだり、テレビ電話は拒否したり、なんともマヌケな攻防戦だった。

しかし最近では、そんな攻防すら、ロールプレイングゲームを攻略していく感じで楽しんでいる。いつなんどき、どんなボスキャラが出てくるかはわからない、先の読めないロールプレイングゲーム。この攻略本は、きっと自分しか作れないだろう。そんなことを思いながら、あらゆる攻撃から身を守り、そして攻め込む策を練ることを楽しむ。

以前は「家族で出かけます」という鬼の置き手紙に、「俺は家族じゃないのかよ！」とキレていたが、最近は、そんな扱われ方にも、〝抜き打ち家出〟にも、もう慣れた。

「はいはい、きましたね、今年も恒例のヤツが」といった感じ。

昔なら「さあ今がチャンス！」とばかりに、慌てて飲める女子を探し、急遽、遊ぶ約束を入れたが、もう特に慌てず、のんびり家で一人暮らしを楽しんでいる。普段しない、読書をしたり映画を見たり。仕事もはかどる。

だが、ふと「とはいえ何か攻撃しないと**ボスキャラもつまらないのでは？**」と、頭をよぎる。家に電話がきたら、あえて無視して、朝帰りのフリしてみたり。

そんな、**茶番な夫婦プロレス。**

温度と湿度を保ちながら風を当て続けると、水分が飛んで旨味が凝縮し、やわらかくなる熟成肉。

結婚18年、我が家のダメな肉が、少しずつ熟成している気がした。

ちなみに1週間後、日に焼けた**赤鬼**と子供たちが〝抜き打ち帰国〟していた。

浮気を本気にさせないコツは、妻の「鈍感力」ならぬ「デン感力」

「純粋」とは、まじりけがなく、邪念がないこと。

「純水」とは、純度が高くて不純物が含まれない水。しかし、純水は、実は飲むと味もそっけもなくて飲めたものではない。純度が低いミネラルウォーターのほうが、ミネラル分という不純物があることで味があり、美味しい。飲み続けられる。


「夫婦」にも同じことが言える。

よく知る人が、結婚20年で離婚した。原因はただ1つ、夫に愛人がいたことが発覚したから。銀座のクラブのママにマンションを買い与え、お手当てを払い、囲っていた。夫は某大企業の社長。年商何百億、我々庶民から見たら、愛人の1人や2人いてもおかしくない大富豪。奥さんも子供も、とんでもなく裕福な暮らしをさせてもらっている。

僕のような汚れた浮気おじさんから言わせれば、あの夫婦の離婚の原因は、〝夫に愛人がいたから〟ではない。**〝奥さんが敏感すぎたから〟**だと勝手に分析している。


その奥さんは、夫の浮気は絶対禁止、少しの「遊び」すら受け入れない。

敏感な妻の前で、夫は完璧を装い、妻も信じて疑わない。日々、妻が必死で不純物を取り除き、透明を保っていたその水は、夫にとって、**「純水」という味もそっけもない「マズイ水」**だと判明する。そんなキレイなだけのマズイ水で、夫は生きられない。「水が合う」（＝暮らしやすい、心が通う）という言葉があるが、それこそ、水が合わない。

そう感じ始めた時に、妻に極秘で、銀座のママという美味しい「ミネラルウォーター」の味を知り、居心地が良くなる。

家庭の水に、もう少し不純物（ミネラル分）という名の「遊び」を受け入れてあげていれば、夫はもっと家庭が居心地良かったはずなのに。銀座のクラブという〝水商売〟のママの着物姿、そんな**〝呼び水〟**に引っかからず、浮気が本気にならずに済んだのに……。

そう、すべては、妻があれほどまでに敏感でなかったら、「鈍感力」ならぬ「デン感力」があったなら、一生、大富豪の妻のままでいられた。

「鈍感力」という言葉はよく耳にする。職場でも、周囲の声をすべて敏感に気にしていたらうまくいかない。気にしすぎて会社を辞めてしまう。ある程度「鈍感」なほうがうまくいくという考え。

しかし鈍感すぎるのもこれまた問題で、水がキレイすぎ、純度が高すぎということに気づかない。ただ気づかない、感じない＝鈍感なのではいけない。**気づくし、感じる。しかし、堂々とデーンと構えているのが「デン感力」。**「鈍感力」を超える「デン感力」だ。

以前テレビで、既婚の女子アナが「夫がもし浮気してたら？」と聞かれて、「いや、想像できない。浮気しないと思う」と答えていた。テレビ向けの逃げコメントとしてはありだが、ガチの本音だとしたら危険。万引きで息子が捕まったのに、**「うちの子に限ってそれはない、何かの間違い」**と受け入れない母に似ている。その「甘さ」と「過信」が過ちを招いてるとも言える。

そして、夫の浮気を想像できない妻に限って、「もし夫が浮気したら離婚」と言いがち。夫婦は、そんな薄っぺらな絆なのかと思う。そんな理由で離婚するなら、また再婚しても離婚すると思う。

うちの夫に限って浮気なんてするはずがない、しなくて当然、と過信するのでなく、

「男は浮気する動物。でも**浮気せずにいてくれてありがとう**」の気持ちが妻には大事。

「あるかもしれない。あった時にどう対処しようか」を考えてる、**危機意識の高さと度量。**

それが妻に求められる「デン感力」だ。

うちの鬼はデーンと構えながら、決して鈍感ではない。僕を油断させない。抜き打ち検問を実施し、ネズミ捕りをする。時おり怒り、〝心のドス〟を抜いて、おしっこチビるぐらい僕を震え上がらせる。


純水が味もそっけもないように、キレイすぎる家庭に、夫は旨味を感じない。多少汚れてるほうが、居心地がいい。

〝水くさい〟じゃないか。

多少の浮気ぐらい、〝水に流そう〟。

敏感すぎず、鈍感すぎず、デンと構えて壁をクリアしていってほしい。透明でクリアな水だけがクリアさせてくれるわけではない。ほどよく汚れた家庭でこそ、我々男たちは生き生きと暮らせる。まさに、**〝水を得た魚〟**のように。

新種の動物だと思えばいい。マヌケな長男だと思えばいい

僕の先輩が、非の打ち所のない女性と結婚した。

大手企業の美人秘書、女優さんのように容姿端麗。料理も上手、家事も完璧。色っぽくてものごしやわらか、あんな奥さんだったら絶対に浮気しないだろな、と僕は思った。

しかし、結婚して1年、先輩は奥さんの愚痴をこぼすようになり、浮気し、離婚した。

原因は、先輩の**「巨乳好き」**。

奥さんの胸はおそらくBカップ。だが先輩は僕と同じ巨乳好きで、「Eカップ」とか「Fカップ」と聞いただけでグッと引き寄せられる（ただ大きければいいわけではないのだが）。街に谷間を露出した女子がいるとチラ見するし（僕は凝視してよく鬼に殴られる）、家には巨乳のグラビア雑誌や巨乳系のエッチなDVDもある。そりゃ当然。

しかし先輩の奥さんは、それらを許さず、すべて捨てていた。雑誌『フライデー』すら家にあると捨てられる。「結婚して私がいるのに、なんで？　浮気と同じだから！」と本

気で詰め寄られるという。
先輩は、男の生態について奥さんに**理解がなさすぎることに嫌気がさしたのだ。**

しかし男は、なんでこうも、オッパイ好きなんだろう？
いつから我々は、オッパイ星人になったのだろう？

先日、僕の友達女子が、Facebookのプロフィール写真を新しいものにした。
あ、ちなみにFacebookのプロフ写真をしょっちゅう変える女子や、顔出しせずに犬とか景色とか子供とか芸能人とかにしてる女子は、顔出ししてる女子に比べて絶対にモテない。なぜなら男子の印象に残らないから。この「いいね」誰だよ？　って思うから。ズルさを感じるから。こっちは顔出してるのに。そもそもFacebookはfaceのbookなのに顔出さないって自己防衛力強すぎ女と敬遠されるから。

そんなFacebookのプロフィール写真だが、その女子が更新した写真は、胸のVラインが深くざっくり開き、デコルテが美しい。と同時に、EかFカップはありそうな胸の谷間も実に色っぽく、男がコーフンする感じの深いラインが入っている。

だが、その写真へのコメント欄を見ると、**誰も谷間には触れず、**キレイだのかわいいだの、キャスターみたいだの、歯の浮くような褒めコメントばかりが並ぶ。ハゲたおっさんたちまでも、なんとか気に入られようと、上っ面の、まったく面白くもないおべんちゃらコメントだらけ。そんな時、僕は削除されるのを覚悟で、あえて谷間に触れて、斬り込んでみる。**「ナイスタニマw」**と。

すると、本人から**「そこ？」**とくる。「男はみんなホントはそこよ。かっこつけて言わないだけ」と返す。と、「それ、Bさんだけよ」ときた。

男は全員、女子を見た時に谷間のラインがあれば、必ずそこに目がいく。それが男子、それがオスという生き物だ。それこそが、男子として健康に育ってる証拠で、谷間が気にならないとしたら、男子として欠陥があるのだと、僕が高校の時、生物の先生が教えてくれた。

先生曰く。人がまだ四足歩行の頃、オスは、目線の先にあるメスの真っ赤なお尻にコーフンし、マウンティングした。メスは、真っ赤にして目立つようにすることがプレゼンティングだった。進化とともに人が二足歩行になると、オスの目線の先にはメスの真っ赤なケツがなくなり、いつしか、オスはコーフンを忘れていった。

すると人間はエライもんで、**メスは、オスの目線の高さに、真っ赤な唇とケツのような胸の谷間を作り、**猿の頃のあのプレゼンティングを模した。

そしてオスは、猿の頃の、あの真っ赤なケツのコーフンを、真っ赤な唇と胸の谷間に感じるようになり、勃起するようになった。

そう、オスは、ケツのような胸の谷間にコーフンする生き物なのだ。

我々は、絶対にそこを無視してはいけない。女性の胸の谷間は男を呼ぶケツである。そこにコーフンするオスは、健康な証拠であり、それこそがオスらしさの証《あかし》。

僕の先輩が、結婚しても巨乳好きが変わらなかったことは、決して奥さんに不満があったからではない。我々浮気おじさんが、つい巨乳ギャルに食いついてしまうのは、**〝おっさんの赤ちゃん返り〟**とも言える。

我々は、生まれた瞬間から、オッパイに吸いつき、オッパイで育つ。乳離れしたあと、しっかりしてきたはずの長男が、再びオッパイを欲しがるようになる〝赤ちゃん返り〟という現象。原因は、自立することからくる寂しさ、らしい。

我々浮気おじさんも、社会に出て頑張っている。仕事で認められようと、自立しようと

必死（当たり前だ）。そこには寂しさもある。そんな時の、ホッとできるオッパイ。赤ちゃんが、本物のママのオッパイじゃなくても、哺乳瓶でもおしゃぶりでも吸ってれば落ち着くように、我々浮気おじさんも、奥さん以外のオッパイでも吸いたくなってしまう。そう考えて、我々のオッパイ好きを**許していただけないだろうか？**

四足歩行から二足歩行に進化したことで、胸の谷間好きになった我々は、赤の他人のオッパイでも吸い寄せられてしまう、まだ学会では発表されていない新種の動物「UWAKI-OJISAN」として、受け入れていただけたら、これ幸いである。

「彼は浮気しない男」と信じる女性に捧ぐ

「浮気しない男の特徴」というネット記事があった。女性ライターが書いた女性向け記事は時として、男から見ると笑ってしまうツッコミどころが満載だったりする。ならばその「浮気しない男の特徴」の項目1つ1つに、僕なりのツッコミを入れてみたい。

【1】マメじゃない

……だろうね。「メールしても返事が遅い、または来ない男は浮気しない」とある。でもそんな男はどうなの？　手の爪とかもマメに切らないよ、きっと。僕はお豆さんが大好きな「豆マメ男」でいい。傷つけない、心もお豆も（笑）。

【2】潔癖性で神経質

……潔癖すぎる人って、なんか自分勝手。みんなで鍋をつつけないって『さんま御殿』

でもやってたが、人生損してる。そんな男は自分のは舐《な》めさせるのに女子のは舐めないんだろうな、きっと。それってズルくね？

［3］理数系

……リスクを背負いたくないらしい。計算ミス＝負け、なのだろうね。でも人生は１＋１＝２じゃないって教えたい。行間を読み股間も読む。そんな文学的な人生が好きだな。

［4］中性的

……「男性ホルモンが少ないフェミニン男は、争いごとを好まないから浮気しない」らしいが、人生、弱肉強食でしょ。動物の世界でもそう。獲物をたくさん獲ってきたオスゴリラが素敵なメスゴリラと交尾できたように。だいたい獲物も獲れないオカマゴリラに濡れるのか、あなたは？　メスだって腹が減っては戦《いくさ》はできないでしょ。

［5］オタク趣味

……いわゆるアキバ系は浮気しないんだ？　でもあれは現実逃避のような気がしてならない。僕はＣＤ買って握手会より、合コンで参加女子みんなの手を握って誰の手に一番勃《た》つか、こっそり勃起総選挙してるほうが好き。あそこを開票！　男はいつでも連立政権。なんだそれ（笑）。

【6】話しベタ

……男の聞き上手はいいけど、しゃべり下手はしゃぶり下手とも言うね。女の目は口ほどにものを言い、女の口は上も下も饒舌《じょうぜつ》。話し上手は床上手。って本当？（笑）。さてどうだろ、話しベタな誠実男vs話し上手な浮気男。ま、どっちもどっちか。

【7】仕事一筋

……そうかなあ？　仕事一筋で働いてて裏でバリバリ浮気してる男も多数知ってるけどな。鵜呑《うの》みにできないと思う。「英雄、色を好む」って言うじゃない？　英雄《ひでお》じゃないよ。

【8】ガンコな職人気質

……気難しく、好き嫌いもはっきりしていて、不器用だから。らしい。でも「自分、不器用っすから」って、高倉健ならいざしらず、ただの無口な職人が、「自分、不器用っすから」って、ただの言い訳だし、そいつは怠け者だろ（笑）。

〔9〕おぼっちゃま体質

……記事には「育ちがいいと、浮気＝悪いことと教えられる」とあるが、そうか？『華麗なる一族』の豪邸には愛人が住んでたように、本物はすごいよ。いやでも、それ見て反面教師ってのもあるか。何とも言えない。

〔10〕経済的に堅実

……「お金にシビアな男は女性にケチだから、浮気というムダ遣いをしない」って（笑）。人生はムダ遣いにこそドラマがあるのに。そんなドケチなオスゴリラにメスゴリラはプレゼンティング（発情した哺乳類のメスがオスに見せる交尾前の姿勢。女豹《めひょう》のポーズ）したいかね？　肉くれないいんだよ。もちろん、結婚してからは金銭面がしっかりしてるシブチンもいいと思うが、ただ、その前にある大きなイベント、結婚披露宴での食事のコースを決める時、絶対ケチるよ。「こっちのほうが安くていい、ご祝儀浮かせよう」って。儲《もう》けてどうする！　一生に一度の晴れの舞台で。浮気しないドケチ男も困ったもんだ。

〔11〕モテた過去がある

……「遊び飽きた男は浮気しそうで意外としない」って。いやいや、我々のチンポはあのぬくもりを一生忘れないよ。「刃物（チンポ）は使わないと錆《さ》びつくでな」って、僕の爺ちゃんがよく言ってた。過去にモテた男が今は落ち着いて浮気なんてしないって場合もあるけど、それは単なるEDの場合をおおいに含むので気をつけたい。「股間が勃たずんば女子を得ず」とはよく言ったもの、いや言ってない（笑）。

ほか、記事には「感情をコントロールできる」「冷静」「断る勇気がある」など、性格面の要素も書かれていたが、別に浮気男だって「冷静に」好みでもない女子を「断る勇気」を持ってないわけではないよ（笑）。ここで言いたい。

「非浮気主義国は鎖国状態である」

浮気しない男を信じ続ける＝非浮気主義国に住んでることが、ある意味では幸せかもしれない。江戸時代、庶民が外人や外国のことを知らずに暮らし、おかげで平和な生涯を過ごせたように。だがそれは、列強を知らない、海外の素敵な文化を知らない、井の中の蛙《かわず》、とも言える。強くて影響力ある「男の浮気」という列強を知り、列強と渡り合えてこそ、国際的で意識の高い女性だ。

……と、僕の爺ちゃんは、立派なヒゲを触りながら、よく語ってたなあ。

さあ開国せよ！　そして日独伊三国チンポ同盟を結ぼう。な。

嫁姑問題は浮気に似ている。「青は藍より出でて藍より青し」方式で収める

夫が、嫁よりも自分の母（姑）を大事にするのは、マザコンという言い方もあるが、この状況は、どこか「浮気」にも似ている。

母にとって、お腹を痛めて産んだ息子が結婚するというのは、（極端に言うと）どこの馬の骨かもわからぬ女に〝彼氏〟を奪われる気持ちだし、逆に嫁からしたら、結婚したのに母（姑）のことばかり気を遣っているマザコン夫は、**〝過去の女〟を引きずってる男**のようで、嫉妬心が湧くのだろう。

そんな、夫・嫁・姑の三角関係トラブルは、夫の実家でよく起きる。

昔、我が子が歩けるようになったある日、僕の実家に家族で里帰りした。冬だったので、当然、子供は靴下を履いている。家の中を走り回って遊ぶ子供を見て、僕の母ヒデコ（でぶ）は、「靴下履いてると危ないに、すべって転んだら大変だで……」と、子供の靴下を

すぐに**脱がせた**。しかし鬼は、「寒いし、風邪ひいたらいけない」と、また靴下を**履かせた**。

しばらくすると、リビングで子供が寝てしまった。するとヒデコは「寝てる時に靴下なんか……」と、また**脱がした**。負けじと鬼は、ヒデコが見てない隙に、「なんで脱がすかね。風邪ひくっつうの……」と靴下を**履かせた**。

僕の前で、靴下を履かせる履かせないでバチバチ火花を散らしている嫁と姑。ついに直接対決が始まった。

「寝る時に靴下、履かすもんじゃないら?」

「いやいや、お母さん、寒いから、履いたままでいいの!」

ここは実家だからヒデコを立ててあげるべきか? 育児はその親がルールだから鬼の肩を持つべきか? 板挟みの僕はどっちに乗っかるべきか戸惑った。

嫁vs姑……。

1人の優柔不断な男を軸とした浮気問題のように、嫁姑問題も、昔から永遠のテーマだ。そして、姑がいないところで巻き起こる嫁vs夫のケンカは、「**あの女と私と、どっちが大事なのよ!** ハッキリしなさいよ!」的な浮気の修羅場にも似ている。つまり、このテーマから逃げずに立ち向かうことは、浮気の対処法にも使えるということだ。

実家をあとにし、東京に戻るとヒデコのことでまたケンカになる。

「喫茶店でオーダーの時、〝私は水でいいです〟って、なんだあれ」

「いやいや、喫茶店とか普段入らない田舎の年寄りは、そんなもんだって」

「ドケチだな」

「いやいや、ケチとかじゃないって……」

「ドケチだって。割り箸とかサランラップとかジップロックとか、何度も洗ってカビが生えても使う**豚だよ。**冷蔵庫だってパンパンで、**腐ったものだらけ**で何も入らないから整理したら、超キレられたからね。何あれ」

「あのさ、俺のこと何を言ってもいいけど、人の実家のこと、ボロクソ言いすぎじゃね？」

〝姑の悪口を言う嫁〟vs〝姑をかばおうとする夫〟のバトルは、始まったら収拾がつかない。僕がヒデコの肩を持つと「お前は、そんなにヒデコが好きなのか、**乳離れしない男**だな。ヒデコと結婚しろ」と、まるで浮気がバレたかのように、キレられる。

そんなことを繰り返しながら、しかしある時、僕は、ヒデコ問題で鬼とケンカになったら、こうすればすぐに収拾がつく、というナイスな対処法を見つけた。

——姑にまつわる嫁とのケンカは**「青は藍より出でて藍より青し」**。

青い染料は、藍という植物から作られる。しかしこの青は原料である藍よりも濃い青色をしている。弟子が師匠を超えてしまうことを表した、中国の賢人、荀子《じゅんし》の言葉。これを応用するのだ。

「ヒデコは絶対ドケチだって……」と〝藍色なこと〟を言い始めたら、僕がもっと〝青く〟濃くして、返してやる。

「そうなんだよ、昔からドケチでさ。俺が子供の頃、習字の塾サボって遊んでたら、『お月謝がもったいな——い！　習字行け——！』って、竹の棒持って追いかけて来たからね。学校でソロバンが始まった時も、ケースもセットで買うんだけど、ヒデコはもったいないとか言って、俺だけ母親手作りの、変な布のケースでさ。本当ドケチ」

と、ケチ話をかぶせると、不思議と鬼は、

「いや、ケチじゃない。ヒデコの愛情じゃん。なにもヒデコをそこまで悪く言わないほうがいいよ」

かぶせると毎回、見事に戦争は終了する。

嫁が母親の悪口を言い始めたら、夫は戦ってはいけない。戦略的に、**あえて嫁より濃い話をかぶせてやる。なんなら嫁が引くほど、藍より濃い青にしてやる。**そうすると収拾がつく。

逆に、鬼がいないところで、ヒデコが鬼の悪口言った時も、その方式でヒデコに乗ると、「ユミちゃんのこと、そんな悪く言うもんじゃないら」と、ヒデコが鬼をかばい始める。

逆も真なり。

嫁姑問題、マイナスかけるマイナスはプラスの法則。

ケンカから生まれた、アホな法則。

「アホは愛より出でて、アホほど愛《いと》し」なのである。

そしてこの法則は、浮気がバレた時の修羅場でも、当然、使えるのだ。

嫁が言う他の女（夫の浮気相手）の悪口に、夫はかぶせればいい。簡単なことだ。

男の浮気はバレやすく、女の浮気はバレにくい
～今夜、妻が浮気します～

男の浮気はバレやすいが、女の浮気はバレにくい。

夫が浮気してるのを妻はすぐ見抜くのに、妻が浮気していても夫は意外に気づかないのはなぜなのか？

以前、浮気調査の番組に関わった時、探偵の方から面白いデータを聞かせてもらった。曰く、浮気してる妻は意外に多い。ざっくり言うと**3割が「今現在浮気」していて、**3割が今はしてないが「過去に浮気の経験」があり、3割が今まで浮気したことないが「隙あらば浮気してみたい」と思っている。残る1割が「今までしたことないし今後もするつもりない」というデータを教えてくれた。そして、妻の浮気はほとんど夫にバレていないそうだ。

世の中の半数以上の妻が浮気経験ありとなれば、夫とさほど変わらない割合。にもかかわらず妻の浮気はなぜ夫にバレにくいのか？

そもそも男は、浮気する女性は少数派だと思っている。夫は、よその妻は浮気していても、うちの妻に限って浮気などしてないだろうと信じ込んでいる。

一方、妻は、男＝浮気する生き物と思っているフシがあるため、日頃から目を光らせてるし、しかも男はウソがヘタ。男のウソは女に比べボロが出やすい。

「女は生まれた時から女優である」という名言もあるように、女性はウソが上手だ。

以前、バカリズムさん司会の恋愛バラエティ『女子がみえちゃった?』（フジテレビ）という番組で、千秋さんは、男の浮気がバレるのに女の浮気がバレにくい理由についてこう分析していた。

「男性は先のことが読めないから。女性は今日雨降るなと思ったら折りたたみ傘をカバンに入れておくけど、男性は雨が降ったらビニール傘を買えばいいと思っている」

たしかに。男は、過去の **〝降ると言って降らなかった予報〟** のように、意外とバレなかった浮気に酔っている。特に経験が浅い夫は、妻に急に疑われたりカマかけられたりという **〝突然の雨〟 を予期していない。** 千秋さんの分析もうなずける。

さらにその番組では、女子の浮気がバレない理由をこうも分析していた。

女子は幼少期におままごとで遊び、すでにそれは「男女」がテーマ。一方、男子は、ヒーローごっこをして遊び、テーマは「正義と悪」。またティーンが好きな漫画を男女で比べても歴然。男子に人気なのは『ワンピース』『ドラゴンボール』といった海賊や戦闘物なのに対し、女子に人気なのは『花より男子』『ガラスの仮面』といった恋愛が軸の漫画。

つまり女子は、**生まれながら遊びで恋愛を学び、男子が太刀打ちできないほど恋愛に対する知識を得て成長する。**女性のほうが常に恋愛上手で、浮気もバレないのだと。

ある時、我が家でこんなことがあった。

金曜の夜、僕はだいたい仕事終わりで飲みに行くので、夜中2時過ぎに帰宅する。だが、ある金曜、たまたま飲みが早く終わり、家族には何も言わず11時ごろ帰宅したら、鬼が留守だった。中2の娘曰く、フラダンス仲間との食事会だという。

ふーん。風呂に入ろうと脱衣所に行くと、あの番組を見たせいか、干してある鬼の下着が、なぜか必要以上にセクシーに見え、「もしかして?」という疑念がよぎった。とはいえ、僕は鬼に、とやかく言える立場ではない。

12時。リビングでチューハイを飲みながらテレビを見て過ごす。

1時。自分の浮気が疑われないかソワソワすることはあっても、鬼が浮気してるのではとソワソワしたのは初めてだ。LINEしてみようか迷うが、せずに我慢。僕はそのままソフアで寝てしまった。

ガチャン！　ガチャン！　ピポピポピポピポピポン……。

ものすごい音で目が覚めた。

玄関のドアを開けようにもチェーン（U字ロックと言うらしい）がかかっていて開けられない音と、呼び鈴をけたたましく鳴らす音。時計は2時すぎ。何が起きたのか一瞬戸惑うも、すぐに気づいた。

僕は、夜は誰よりも遅い帰宅なので、鍵をかけ、チェーンをしながら靴を脱いで家に入るクセがある。今日もそのクセでチェーンをしながら家に入り、そのあと鬼が留守と知ったが、ハズすことなくテレビを見ながら寝てしまった。

「何やり返してんだよ！」ドンドンドンドンッ！　ピポピポピポピポピポン……。

鬼は、僕がわざとチェーンをしたのだと誤解している。つまり僕がたまに朝帰りだと罰でこうされることがあるのだが、その仕返しで締め出したのだと思い込んでキレている。

めちゃくちゃ怖かった。

鬼に事情を説明しながら平謝りするも、「お前はいつも、もっと遅いし、しょっちゅうじゃねーかよ。人がたまにちょっと遅いぐらいで、何やり返してんだよ！」

おしっこチビるぐらい怒られた。あまりに怖すぎて、鬼が今夜どこで何してたのかなんて、もはやどうでもよくなっていた。

世の妻は意外と浮気していて、そのほとんどが夫にバレていないという。

だが我が家の場合、それを疑ったら数百倍になって返され、戦意喪失するほど怖い、ただそれだけだ。女はウソが上手いかどうかでなく、**女は強い。**そういうことだ。

ただ、抜き打ちで妻が夫より遅く帰宅することは、我々のような浮気おじさんにお灸《きゅう》を据える意味では効果的かもしれない。そう思った夜だった。

第3章

男の浮気はこんなメカニズムになっている

男の浮気とは、「午前4時の赤信号」みたいなものである

うちの母ヒデコや親戚のおばちゃんを温泉に連れて行くと、ヒデコたちは必ず言う。

「いいねえ、旅館は。上げ膳据え膳で、何もしなくていいでラクだわ」と。

その言葉を聞くたびに、僕はあの時の悪夢のような朝と、鬼の言葉を思い出す。


それは、僕が前夜に浮気して帰ったのが鬼にバレ、叩き起こされながら完全に追い込まれた朝だった。

鬼は僕のケータイを手にして画面をこっちに見せながら、

「なんだよ、このメールはよ！　〝昨日はごちそうさまでした、甘くて素敵な夜をありがと。奥さんにバレないようにこれ削除してね〟、って、何やってんだ、お前は！」

動揺しながら僕は答えた。

「合コンで盛り上がって、向こうがノリノリで……」

すると鬼はこうキレた。

「ふざけんな！　**上げ膳据え膳、男の恥**だかなんだか知らねえけどよ……」

「……」

絶句である。それを言うなら〝**据え膳食わぬは男の恥**〟だろ？　と心でつっこみ、だがじっと我慢した。

そう、「上げ膳据え膳」にちょっと似ているけど使いどころを間違うと恥ずかしい「据え膳食わぬは男の恥」ということわざ。

女性のほうから誘っているのに男性がその女性の誘いに応じない、つまり抱かないのは男として恥である、という意味（別に前夜、僕がモテたと言ってるのではない。男というのはこういう時につい見栄を張るもので……）。

鬼はさらに僕に問い詰める。

「お前は、なんでそんな浮気したいんだ？」

なぜ自分は浮気しちゃうのか、必死に答えを考える。〝ただの女好き〟。そう言うのは簡単だが、それじゃ鬼は納得しない。

まず、昨夜の浮気についてだが、僕の中では、そんなに悪いことをしたつもりはない。相手の女性には悪いが……いや悪くない、結婚してることも言ってあるんだから。合意の浮気。合法の浮気。でもそれは、鬼に対して筋が通らないのもわかる。何とかして納得させたい。

Q、なんで浮気するのか？

その時出た、僕の答えは……

「男の浮気ってのは、午前4時の赤信号みたいなもんなんだよ」

まだ暗い午前4時、新聞配達のバイクの音ぐらいしか聞こえない静かな時間。歩いていたら交差点の信号が赤だった。常識で言えば、立ち止まるのがルール。右を見ても左を見ても、クルマも、バイクも、自転車も、人も、そしてパトカーや警察官もいない。本来信号は、危険を回避するためのもの。しかし今は１００％安全だ。

赤信号で渡るのが悪いことだとはわかっている。しかし、この赤信号で立ち止まることは、大人として逆にアホなような気もする。

「……みたいな感じで、つい……」と、僕は説明した。

自分が結婚してることも子供がいることも相手に伝えてあって、それでもいいのなら的な流れでそうなってるのだから、ホントは赤信号だけど、安全だから、いいんじゃないかな？　と。悪いことかもしれないけど、夜中、人もクルマいなかったら赤信号だけど渡るでしょ？　ね？　と同意を求めながら、必死で説明した。

「据え膳食わぬは男の恥って言うじゃない？」と加えるのは我慢して（笑）。

一瞬、納得した表情を見せたが、鬼は言った。

「あのさー、その女がどこの馬の骨だか知らねーけどよー、こうやってオレにメールで見つかってる時点で安全なのか？　どうなんだよ、あぁ!?」（鬼のセリフは実際のやりとりのママ）

たしかに。赤信号横断を、おまわりさんに見つかってしまった。

午前4時の赤信号。おまわりさんとしても、いちいち注意するのもホントは面倒くさいだろう。でも立場的に、黙ってはいられない。

鬼も、**見つけてしまった以上、キレずにはいられない。**ちなみに鬼の言葉はヤクザ並みに怖い。だが、どこか大きく構えている。言葉でキレながら、そうは言わないけど、うまくやれ、遊ぶ相手を間違うな、と言ってるような、今日はいいよと見逃してくれるやさしいおまわりさんみたいなところがある。**自己解釈だが。**

ごもっともだ。

世の女性に言いたい。口では厳しく注意しながらも、心の中でいいので、どうか男の浮気を、大目に見てあげていただきたい。悪いことではあるけれど、「午前4時の赤信号」だと思って。それを、まるで凶悪犯罪みたいな扱いをしないであげてほしい。

男だって、「悪いこと」とはわかっていますから。

もう二度としないと、心で反省してますから**（またしちゃうんだけどね）。**

男の浮気はTSUTAYAレンタルと同じ

テレビを見ていたら、仁科克基《にしなまさき》さん（父は松方弘樹）が言っていた。「セフレは5人いる」「**浮気はしないけど〝浮体《うわたい》〟はする**」。

つまり「本命または奥さん以外の女性に心まで奪われなければ、カラダだけの関係ならあってもいい」的な考え方。

堂々とそこまで言えるのは、さすが夜の帝王・松方さんのお坊ちゃまだ。

しかし、我々のような恋する平民おじさんの浮気は、そんな豪快なものではない。

そもそも「セフレ」という言葉が苦手。女性に申し訳ないし、カラダ目当ての恋なんて夢もロマンもない。文学的じゃない。我々平民おじさんの浮気は、そこを目指してはいない（目指した時代もあったかもしれないが）。

「セフレ」というのは「する」前提で、「する」ためのデートでしかない。だが我々が目指すのは、女子との時間を「まるで恋人と過ごすように」ドキドキ楽しめる時間だ。**デー**

トしながら心の「好きスイッチ」をオンにして、勝手に股間が熱くなってる時間だ。過去に一度できたからといってまたできると過信せず、勝って兜の緒を締めて、勃って兜の緒を締めて挑む、その予測不能な時間が楽しい。

発明王エジソンが「天才とは1％のひらめきと、99％の努力」という名言を残したが、まさに「できるかもしれない1％の可能性」を信じて、「ムダかもしれない99％の恋の努力」をする時間こそが楽しいのだ。

「ふーん。じゃ、そんな男女関係は何なの？ 友達以上、恋人未満？」

そんな昭和歌謡の歌詞のような質問をよくされるが、僕はこう答える。

「大人フレンド」

1％の「できる」かもしれない可能性があるなら、たんなる「友達」ではない。だが、大人の事情でそれなりの時間に帰宅しなければいけないし、大人の理解がないとうまくいかない。でも大人のノリで時として友達以上のスキンシップも大切にする。それがあるからこそ「1％」を信じるし、とはいえ結果、何もなくてもムクレない。そんな、**少しの理性とロマンが混在する大人カンケイ。おとなイズム。**だから「大人フレンド」。

そういえば、以前、飲み屋で知り合った初老のおじさんから、浮気の極意をこう教わった。

「男が浮気相手と過ごす時間、心もカラダも奪い奪われ、そして時間が来たら、ちゃんと相手を元に戻して自分も元に戻らないといかん。**長っ尻《ちり》はいかん**」

僕が「レンタルおじさん」と勝手に名付けたおじさんだ。そんなレンタルおじさんは、僕に長々と続けた。

——いいか。家庭を壊すような浮気をしちゃダメだ。相手に迷惑をかける浮気は三流だ。**一流は「俺DVDレンタル」**。画質のいいブルーレイな？ **ただし、当日返却。**決してTSUTAYAの「販売コーナー」に自分を並べてはいけない。女に買い取られて独占されちゃいけない。あくまで当日レンタルのみ。

でもさ、よく考えてみろ、レンタルだろうが販売だろうが、その映画の内容はまったく同じだろ。そんで見る時は同じように集中し、楽しむだろう。レンタルだからって、ないがしろにしない。それと同じだ。心も体もオンにして、パイオツの3Dぶりもじっくり楽しんで（笑）。笑って感動して、時間が来たら俺DVDをしっかりお返し願う。もう一度見たい映画と思われたなら、また別の日に借りてもらう。それでいい。

ちゃんと当日返却しない女はいかんね。延滞料じゃ済まされない。こじれたら慰謝料になるから怖いね。そんな客には借りてほしくなくなる。こっちも、また借りてもらえるように、いい画質を保とうと頑張る。エッジの効いた「ブルーレイちんこ」でいられるよう磨く。

なに？　そんなこと言うと彼女が〝私は風俗嬢じゃないわよ〟って怒るって？　ばかやろ、そんなやつにはこう言ってやれ。風俗嬢に心はオンしねえんだよ。心も体もオンにするから彼女なんだよ。ただし、レンタル。当日返却。

つまりだな、俺たちは、**女にまた借りてもらえるぐらい中身の濃い作品になれ**ってことよ。それが男のイキってもんだ。わかったか！

――そう言っておじさんは夜の街に消えていった。

言ってることはめちゃくちゃだが、どこかシャイで憎めないレンタルおじさん。これが**「浮気のTSUTAYA論」**と僕が命名し、活用してる考え方だ。

女性の皆様、できれば傷などつけず（香水・キスマークの類をつけず）、なるべく当日返却していただけると平和が保たれるのでございます。ご検討のほど、よろしくお願いいたします。

フレミングの左手の「浮気」法則

我が国では一夫一婦制がルール。奥さんがいるのに他の女性を好きになってはいけない。いや、好きになるのはいいが、Hしてはいけない。いや、一度のHならまだしも、それが1人の女性と常習的になるとアウト。

……うーん、どうしたもんか。この「同時並行」という「悪」を「善」に変換できるアプリがあったらいいのに。それを脳にダウンロードできたらいいのに……。

「必要は発明の母」

ある日、そんな夢のような脳内アプリを、浮気おじさんの僕は編み出した。

まず我々の基本理念としてあるのは**「浮気」をレジャー感覚で捉える**ということ。明るくポップ。お互い迷惑をかけない、傷つけない傷つかない、泥沼に陥らないがモットー。いたってライトな「大人の嗜《たしな》み」とも考えられる。

「愛人」とか「2号さん」とか「セフレ」とか「不倫」とか、そんなダークな言葉で表現されると、我々は悲しい気分になる。デートはするけど、その先があるのかないのか未知。それはどこか救いがあり、かわいげがある。

そんな考えから生まれた、悪を善に変える浮気変換アプリ、その1つ目はこちら。

1 浮気はバスケのピボットと同じ

バスケットで、ボールを持って立ち止まり、パスしようかドリブルしようか迷う時、片足だけを動かすピボット。ご存知のように、右足を軸と決めたら、左足は白由に動かしていいが、軸の右足が浮いたら反則。

浮気もこれと同じ。奥さんが軸で右足とするなら、奥さん以外の女性は左足。左足で自由にピボット（浮気）するのはセーフ。ただ、左足の女性1人に体重をかけすぎて、軸の右足が浮いてしまってはアウト！　ちなみに、浮気相手に入れ込みすぎてお泊まり旅行に行くとだいたい奥さんにバレて怒られるが、その反則を**「トラベリング」**と呼ぶ。

そう、あくまで浮気はピボット感覚で、軽快に、体重をかけすぎることなく、シャカシャカと動かすことが大事。まるで「浮気相手と旅行はダメ」ということを、バスケのルールも物語っているようだ。

それと類似する変換アプリが次に挙げるこれ。

2 浮気はコンパス理論

ピボットでいう軸足がコンパスの針。軸ではない足が、円を描く鉛筆。針を一度刺したら抜かないほうが円はキレイに描ける。幅を広げすぎるとうまく描けない（身の丈に合った浮気が大事）。鉛筆に力を入れすぎると芯が折れる。でもやさしくていねいにささっと描けばうまくいく（浮気はリラックスして）。

そして鉛筆は「消せる」。はかない浮気の恋と似ている。僕は**ペンネームも血液型もB**だが、あるデータによるとB型は浮気性が多いらしい。浮気も鉛筆も描きやすいのはB。

そして、画期的な３つ目のアプリはこう。

3 浮気フレミングの左手の法則

理科の授業で習った「フレミングの左手の法則」。左手の親指と、人差し指、中指を出し、これがそれぞれ「力」（親指）・「磁界」（人差し指）・「電流」（中指）の３つのベクトルを示すというあれ。

左手を出してほしい。まず親指が奥さん。他の指がそれ以外の女性。左手全体を１００

で考えた時、奥さんは常に50の力を持つと考える。50％所有の筆頭株主と考えてもいい。残り50％の株を他の女性で割ると考えるのだ。

まず1人目、人差し指のヒトミが現れた。すると奥さんは怒る。50対50で力が拮抗《きっこう》するため敵視する。「ヒトミと私、どっちが大事なのよ」と。ならば、ヒトミもいたうえで2人目の浮気相手を作る。

中指のナカコである。ヒトミ対ナカコは25対25で、今度はヒトミが嫉妬する。「なによ、あのナカコって女は？　私とあいつとどっちが大事なのよ」と。

そして、本来「フレミングの左手の法則」は3本指だが、「浮気フレミング」は4本となり、薬指のクスコという彼女も登場。なんであれば、小指のコユミまでも。すると1人の持ち株は12・5％ずつと、それぞれがやけに少なくなり、**筆頭株主で50％を保有する奥さんは高みの見物、「どれもショボいわね、私の圧勝ね」と余裕を見せる。**

すると、ヒトミ、ナカコ、クスコ、コユミの4人としては、己の力不足からあきらめムードとなり戦おうとはしなくなる。そこに絶妙な浮気パワーバランスが保たれ、平和が生まれる。これが「浮気フレミングの左手の法則」なのだ。

そういえば、『失楽園』や『愛の流刑地』などで知られる、かの渡辺淳一大先生は、ある本でこう書いていた。

「不倫とか浮気とか、妻・男・彼女。三角だから鋭角で揉めるのだ。**四角、五角、六角……八角形にもなると、限りなく丸に近く、丸く収まるのだ**」

さすがである。

ただ、株の原理がそうであるように、時々クーデターは起こる。大株主がすげ替えられることもあるので、上記の「変換アプリ」は参考程度にしていただくのが賢明だ。

我々の浮気は、複数を同時に愛する「ポリアモリー」とはまったく違う

あなたは**「ポリアモリー」**という言葉をご存知か？

恋愛は「1対1」で行われてこそ誠実という価値観に一石を投じる新たな恋愛の形が、複数の人と合意のうえで性愛関係を築く「ポリアモリー」という概念だ。

「浮気性」「ふしだら」「不道徳」という言葉を連想し、嫌悪感を抱く人もいるだろう。しかし、ポリアモリーは複数の相手と「誠実」に向き合うことを重んじ、隠れて行う浮気や不倫とは一線を画しているという。

アメリカで生まれたそんな概念が、昨今、日本にも上陸しつつあると聞いて、我々浮気おじさんは、ニヤけてしまった。

「なんだそれ、いいじゃないか？　ついに我々の時代が来たか（笑）」と。

しかし事情はちょっと違った。

ポリアモリーが、浮気や不倫と大きく違うのは、「**すべての関係者が状況を知ることができ、全員がすべての関係に合意している**」ということ。

ある女性ポリアモリーさんは、A君とB君、2名の男子とポリアモリー関係にあり、なんと3人でグーグルカレンダーを共有しているという。つまり、いつどっちとデートするか、泊まるか（Hするか）ガラス張り。彼女がA君とデートした帰り「楽しかった、じゃあね」とバイバイしたら、即座にB君に「今から行くね」とメールし、B君の家に向かう。

それって、その女の二股じゃん！　と思うのだが、違う。B君は、彼女がA君とデートしていたことを知っている。彼女が家に来てキスした時、さっきまで彼女が会ってたA君のタバコの臭いがしてもイラっとしない。嫉妬しない。それがポリアモリーなのだ。

つまり、仮に、おじさんに3人の彼女、いや大人フレンド（P154）がいたとしたら、月子、火子、水子、3人すべてが情報を共有してるということ。

そんなの、**おじさんは御免だ。**月子と付き合ってることなど、火子に知られたくない。ただ月子は、うすうす他の誰かともデートしてることはわかっている。わかっていながら、それが誰か特定できていないし、あえてしないことが、我々浮気おじさん的には醍醐味《だいごみ》なのだから。

だから、浮気おじさんの浮気スタイルは、流行りのポリアモリーとは全然違うのだ。もっと大きな違いを言うなら、既婚者のとあるポリアモリー夫は、ポリアモリーであることを嫁も知っていて、すべて了承しているという。それは何だか気持ち悪い。我々とはやっぱり考え方が違う。

我々の恋は、嫁に隠れてコソコソやっているからスリリングで楽しいのであって、全部許されてしまっては、20歳をとっくにすぎた大人が体育館裏でコソコソ喫煙してるようなもの。未成年で本当はダメだからドキドキするのに、何しとんねんって感じだ。

では、我々浮気おじさんのスタイルや精神状態が、ポリアモリーと違うとしたら、何に近いのだろう?

しいてたとえるなら**「3人のかわいい娘を持つ父親」**の心境に似ている。僕にも中2の娘がいるが、娘を持つ父親というのは実に複雑で、娘がブスならブスでモテなそうで心配だし、美人なら美人でいろんな男が寄ってきそうで、どっちにしろ心配なのだ。

仮に今、おじさんに、月子、火子、水子、3人の彼女(いや大人フレンド)がいるとしよう。「月子」は人妻だ。しかし「火子」はアラフォー独身、結婚したくてウズウズしていて、そんな「火子」をなんとか結婚させようと、おじさんがいろんな出会いを作り、また結婚哲学を叩きこんで「結婚筋肉」をつけている。お見合いもしている。そして「水子」は結婚願望は今のところなく、嫉妬することなくおじさんとの恋を心から楽しんでいる。と言いつつ、おそらく「水子」には彼氏がいる。

3人とも幸せになるよう娘の父が願うのと同様、我々浮気おじさんも3人の彼女（いや大人フレンド）の幸せを願っている。そしてある日、娘に嫁ぐ日が来るように、おじさんにも別れが訪れる。

「火子」のお見合いが実を結んだ。本来、彼氏として嫉妬を感じるところかもしれないが、おじさんは本気で喜び、拍手で見送る。そこが「娘を持つ父親」と「浮気おじさん」が似ている所以《ゆえん》だ。

そうこうしていると、人妻「月子」も巣立つ時が来る（つまり疎遠になる）。詳しい事情は知らない。でもそこを詮索しない。「月子」がまた遊びに戻ってくるのを信じて。そこも娘を持つ父と似ている。

さて、残る「水子」だが、ある日突然、「水子」のFacebookからプライベート写真がすべて消えた。きっと、誰かが束縛しているのだろう。投稿もしなくなった。こちらと何があったというわけでもないのに、LINEは既読スルーに。仕事の事情かもしれない。または環境や心境の変化。しかしこれも、浮気おじさんにとって**「娘が嫁いだ日」のようなもの。静かに送り出してあげる。人知れず目を潤ませながら。**

そう、娘を持つ父は、どこか背中に哀愁を感じる。それと同様、我々浮気おじさんも、哀愁を背負って生きていたい。

だから我々は、背中に哀愁のかけらもない、アメリカ生まれの「ポリアモリー」とは違う。そして、どんなに「ポリアモリー」が認知されオシャレになろうとも、カッコつけて「ポリアモリー」を掲げて正当化するつもりも、さらさらない。

正直、我々は、ただの**スケベでダサい、**浮気おじさんなのだから（笑）。

浮気したか否かは、国税局査察部との戦いに似ている

鬼は朝、僕が前日履いて出かけた靴を見て、前夜何があったかを勝手に読み解く。

「昨日は座敷で合コンか？」

「なんで？」

「脱ぐとプラダのロゴが見える靴だから」

人は無意識で靴を脱ぐことを意識し、選んでいるのかもしれない。**アタリ。**

「昨日は野でヤったのか？」

「なんで？」

「靴の底に藁《わら》がついてたぞ」

藁ってなんだ。だいたい「野でヤる」ってなんだ。鬼用語でアオカンを意味するようだ。

ハズレ。

「昨日は立食パーティか？」

「なんで？」

「上げ底のシークレットブーツだったから」

そんな靴は持ってない。すずきBは**ショーンKじゃない**（注：ショーンKにシークレットブーツ疑惑あり）。ただ、他の靴より2ミリぐらい厚底。立食パーティ、**アタリ。**

そして、本当は打ち合わせや仕事の人との会食で夜遅く帰っているだけなのに、勝手に僕のことを毎晩合コン三昧《ざんまい》だと思い込んでいる鬼は、今朝こんなことを聞いてきた。

「毎晩毎晩、いい歳して、お前は何が目的で合コンに行くんだ？」

「そうね……みんな、ゴルフとか競馬とか、それぞれ趣味があるように、俺にとっての魚釣りみたいなもんか……」

鬼は**食い気味**で返す。

「……いやドジョウすくいだろ。釣りなんかじゃない、ドジョウすくいだ」

「え？　どういう意味？」

「捕まえてるつもりで、実際はぬるぬると手から全部逃げられてるってことよ。あ、あと、お前を相手にする女は、ただ餌を持っていこうとするだけで、どうせドジョウみたいなブサイク女だろ？」
口が悪すぎる。みんな美女だ、**鬼よりは。**

今でこそ、いちいち否定せず適当に乗っかってあげて、平和な会話ができるようになったが、結婚して間もない頃は、よく浮気を疑われて喧嘩になった。当時、僕は「浮気を疑われてもいっさい認めない。何がなんでも全否定するのが正解」と思っていたから。

そう、ここで、**夫は自分の浮気を妻に認めるべきか論。**

たしかに、全面降伏的な認め方（はい、全部やりました）は良くない。だが、少しだけ認めることは、我々四十過ぎた浮気おじさんにとって、勝つための戦略だと考えている。チューはした。手はつないだ。デートはした。でも、絶対に最後まではしてないと言い張る。何がなんでも。**「ウソも方便。それが夫婦のマナーだでね」**（遠州弁）と、母ヒデコ（でぶ）に教えられた。

マルサ（国税局査察部）がガサ入れしたら絶対手ぶらじゃ帰らない。少しでもお土産（調べた成果、追徴金）を持たせれば帰ると言われるが、浮気をしたか否か論も、これと似ている。

帰宅したとき僕のジャケットにキラキラしたファンデーションがついていて「これ何？」と鬼に疑われた時、焦って「ええと、満員電車かな……」などと下手なウソをついたこともあったが、余計にモメた。今ならこんな感じ。

「あ、昨日、合コン帰りのタクシーで女子が寝ちゃってさあ……」

「はあ？　どうせ女とイチャイチャしたんだろ？」

「あ、まあね。降りる時、ハグはした」

鬼はよく言っていた。**「疑われてキレた時は図星」**と。

だとしたらそれを逆手にとろうと、ある日から決めた。「疑われて図星だろうとハズレだろうと、キレない」ことが、まずは平和への一歩。疑われて意地になって全否定を貫くのでなく、何か1つ、**マルサにお土産を持たせてあげるように、**ある程度は疑いを認めてあげる。するとさっきまで吠えまくっていた鬼は、すぐにおとなしくなることを学んだ。

なので、鬼に「釣りだか何だか知らないけど、どうせ張り切ったって釣れやしないんだから。タダメシ持ってかれてるだけ。時間と金のムダだな」と言われた時、実は充実した「夜釣り」を楽しんでいても、そこは鬼の言い分に合わせ、「そうなんだよ、ムダ遣いなんだよ。糸切れるんだよね、だいたい」と認め、へりくだっておく。

ハグは認める。キスしたことは認める。そこまでで我慢して帰宅しました。そう言い切る。実際はどうあれ（笑）。

これが鬼への手土産だ。こうすればマルサのように、それ以上調べず黙る。鬼の疑いを「勘が鋭いね。天才だね」と言って勝ち誇らせてあげる。ムダな捜査と思わないようにしてあげる。こうやって大切な何かを守る。

踏み込まれたら困るところまで捜査の手が伸びないうちに、その手前で気分を良くしてお帰りいただく。それが我々浮気おじさんの、**脱税（犯罪）ではない、節税（節約の知恵）的な生き方だ。**

中年の浮気は、冷蔵庫に大好きなアイスをキープしながら食べずにいる楽しみ

飲み屋で出会った50代の浮気おじさんは、白髪まじりの髪の毛を触りながら、ほろ酔いで僕にこう言った。

「20代30代の頃は女とメシ食ったらとにかくその日にヤリたくて必死だったんだけどさ、40歳を過ぎた頃からかな、デートして口説いてヤレそうでもあえてせず、ハグしてチューして送って帰るようになったんだよね。この余裕は何だ？　どうした俺？　って思うわけよ。歳のせいじゃないんだよ。EDじゃねぇんだから。**俺の大英帝国も〝ED離脱〟**ってか？（笑）　股間の刀をあえて抜かずに忍ばせておく。あれはね、侍の余裕なんだよね」

そんな話を聞きながら、40代半ばを過ぎた僕は大きくうなずいた。

僕の股間の小刀は、素敵な女子といる合コン中、デート中、だいたいキャンプイン（「テント張る」と同義語）している。自らが身体でオスを感じている。オスである以上、牙の切れ味を試したいと思うのが野生の本能だ。

そう、昔、旭山動物園で見た狼のことを僕は忘れない。檻《おり》の中の狼は、飼いならされた犬とは明らかに違う野生の目をしていた。鋭い牙で、ガリガリガリ、檻の中に生えている木を、まるで獲物の首根っこを噛むようにかじっていた。白樺《しらかば》と思われる木の幹も、その木を支える添え木も、よく見ればどれも歯型でボロボロ。

本来、狼は、大自然の中でこそ獲物を仕留め、敵と戦いながら、自分の牙の切れ味を感じる。しかし檻の中でそれはできない。そんなオス狼は、たとえ檻の中でも、己の牙の切れ味を試すように木をかじり、いまだ現役な牙にオスを感じている。そうに違いない。

男だって野生の狼。牙を抜かれ、飼いならされた犬なんかじゃない。**己の牙の切れ味**を試したくなる。野生の本能のおもむくままに噛みついてみようか。

いや、もしも噛みつこうとして逃げられたら、もしも牙の切れ味がイマイチで仕留められなかったら、みっともない。目の前のウサギちゃんはもう少し頑張れば仕留められそう（動物は一般的に春、秋など時期があるがウサギは年中発情期。だからバニーちゃんはセクシー女性の象徴）。でも待てよ、ガブリと仕留めたはいいが、帰宅後、鬼に猟銃で撃たれる危険もある。

我々浮気おじさんは、そんな葛藤に日々悩み続け、時に手痛い失敗もし、そしてある日、僕はこんな風な考えに至った。

できるかもしれないけどしない**「冷蔵庫にキープしてある俺のアイス理論」**――。「できそうで挑んだ結果、できなかった」は明らかに敗戦であり読み違いだが、「できそうだが、あえて挑まなかった」は引き分け。サッカーで言うなら**「勝ち点1」**である。

ハグ程度で我慢し、勝ち点1で帰るのは、「しようとしてできなかった」よりも、帰宅途中の気分も数倍晴れやか。オスの狼としてガブリと本気で噛みついてはいないが、十分に牙の切れ味は試した。ウサギちゃんにハグして**甘噛み**した。

「あの男は、すぐしようとする」という理由で嫌われるヤツはいるが、「あの男は、なんで今日してくれなかったんだろう」という理由で嫌われた男を僕は知らない。

据え膳を食えると確信しながら、あえて食わないという、ちょっとしたプレイだ。本当は食えないかもしれないのだが……。

コンビニで大好きなアイスを買って帰るも、その日は食べずに冷蔵庫にキープしておく感じ。いつ食べようか。**いつでも食べられる楽しみ**に似ている。

そもそも、妻や彼女以外の女性とのデートはもとより、チューやハグなどもってのほかと禁じる女性もいるだろう。しかしそれは、野生の狼を檻に閉じ込め、かつ白樺の木にガリガリ噛みついたからといって白樺の木をすべて撤去するのと似ている。狼は精気を失ってておかしくなってしまうだろう。せめて木をガリガリするのぐらい許していただきたい。

ちなみにアイスに賞味期限はない。いつ食べてもいい。しかし、いつまでもキープ可能と思っていた〝俺のお気に入りアイス〟が、ある日冷蔵庫を開けて探したら、なくなっていることも、**ままあること。**それはそれで仕方ない。いい歳して、アイスに名前を書いてしまっておくのも大人げないし。

なので、ずっと冷蔵庫にキープしながら、あえて食べようとせず、とっくになくなってるかもしれないのに「いつでも食べれる」と思っているこの気持ちこそが、贅沢《ぜいたく》なのかもしれない。

我々浮気おじさんの恋は、冷蔵庫に大好きなアイスをキープしながら食べずにいる楽しみ、なのである。

浮気にも武道のように道があり、白帯と黒帯がある　～浮気道～

浮気にも、柔道や空手のように、道がある。

僕が、この人こそ浮気道の黒帯（有段者）と勝手に崇《あが》めている師匠、島田紳助さん。紳助さんは、好きな女性が現れると最初にこう切り出すそうだ。

「あなたのこと、勝手に好きでいてもいいですか？」

妻子ある紳助さんが言うこのセリフ。これは空手で言うなら、かなり高度な組手《くみて》だ。

ちなみに組手とは、主に2人で相対して行う空手の練習形式の1つ。決まった手順で技を掛け合う「約束組手」、自由に技を掛け合う「自由組手」の2種がある。

既婚または彼女がいることを、女性に知られたうえで口説くという意味で、通常の「試合」（口説き）とは違うので「組手」とさせていただく。

男女間の恋のステップを技の掛け合いとするなら、紳助さんのように言われた女性は、なかなか組んで来た男の手を払いのけることはできない。つまり「NO」とは言えない。好きになってくれる分には光栄なことだろうし。

「好き」という気持ちは伝えるけど「付き合ってくれないか？」と聞くわけではない。だが、人は「好き」と言われたら嬉しいもので、「好き」と言ってくれた男のことを自分も少しでも「いいな」と思っていたなら、その感情は言われることでより強まる。つい意識し、自然と好き同志になっていく。これが大人の恋の始まり。

その時、空手の組手が試合さながらに組み合う「練習」であるように、浮気も、そうではないとわかっていながら試合（本気恋愛）さながらに口説かれるのが**「浮気道」**というものだ。お互いにとっての。

ここで再び「浮気道」の黒帯・島田紳助師範。

ベッキー不倫騒動で世の中が盛り上がる中、その紳助さんから芸能レポーター井上公造さんへ届いたベッキーにまつわるメールが、ある番組で紹介されていた。

「芸能界と関係ない僕が言うのもなんやけど、俺がいたらイライラすることあるよね。ベッキーもかわいそう。他人にヤイヤイ言われて。スポンサーやスタッフにはお詫びをしないといけないけど、すべてを失っていいと思って人を好きになるって、すごいやん。あんたらできるのか？　そんな恋したことあるのか？　と言いたいね。俺が現役なら、そう言ってましたわ。悪いのは男です。絶対守らないといけない男が、ゆるすぎる。写真撮られたり、離婚してないのに親に会わせたり。男が１００％いかんよな。ロクに恋もさせてもらえなかった31歳のベッキーが、人生かけた恋を、人生かけて恋したことない人間には理解してもらえないよね。タレントとしてはダメなベッキーかもやけど、僕はすべてをかけたベッキーが素敵に思えます。モラルやルールはわかるけど、それを超えた恋をした人は３％もおらんよね。だから、世の中の97％に拒否される。でも３％はわかってくれる。ただ、相手間違えたかな？　ずるい女の子なら、気がついてた。あー現役なら伝えたかった」

さすが紳助師匠、ロマンチストな**恋の黒帯。**やはり最悪なのはゲス（ゲスの極み乙女の川谷氏）だ。ベッキーでもないし、ゲスの妻でもない。浮気道・黒帯**（気取り）**の僕からも言わせてもらえれば、浮気道を心得ずして、白帯の、か弱いベッキーを口説いてんじゃないよ、だ。

既婚ということでクロ（道徳的にクロ、腹黒、ワルの意）なのだから、白帯の女子に白帯して近寄るのは良くない。正々堂々、黒帯を締めて胸張って畳の上に上がらねば不公平だ。ボクサーが一般人を殴ったらその拳は凶器とみなされ、普通より罪が重い。なのに、

黒のくせに白い帯をして畳に上がるのは、プロボクサーが素人のフリして一般人を殴るようなもの。まさにゲスの極み。

少なくとも僕は、正々堂々、黒帯をして立ち向かうことにしている。指輪もしたまま、既婚を隠さないし、もし合コンで「結婚してるんですか?」と聞かれたらこう答える。

「うん、でもね、**平日の夜は独身**……気分、がははは（笑）」

たいして面白くもない。だが、既婚が理由で試合放棄されたら（フラれたら）、それは負けではない。勝ちでもないけど（笑）。

でも負けが怖いなら畳に上がらなければいい。口説かなければいい。合コンで既婚はモテないからと事前に薬指の指輪をハズし、「今日は独身ってことで」と男同士口裏合わせる友達もいる。だが、それでモテないのが怖いなら恋なんてするな、だ。

寝技でも、勃ち技（笑）でも、そんな女々しい反則で一本とっても（Hしても）気持ち良くない。それこそ「ゲスの極みオメコ」だ。

我々のように既婚で合コンに行ったり女子を口説こうとしてることとは、胸を張って威張れたものでは決してないが、せめて黒帯をして畳に上がる姿勢を守れば、日本で唯一許された**（いや公には許されてない……）**「エロ武道」に価する。浮気の道を「夜のスポーツ」と考え、常に**「スポーツマンシップにもっこり」**でいきたい。なんだそれ（笑）。

何度も言う。僕は「浮気」という日本語が嫌い。競馬や麻雀のような趣味の1つ、「レジャー」と言いたい。だがそれは「遊び」ではない。遊びという言葉は、もてあそぶ感じがして嫌い。健康的な「レジャー」。大人の辞書的には「浮気」と「レジャー」が同義語になる日が来ることを願ってやまない。

時にはボッタクリ女にダマされてみる浮気おじさん

我々浮気おじさんは冒険家。時に崖から滑落《かつらく》することもある。いわゆるボッタクリという経験が僕は過去に2度ある。1度目は大学生の時、歌舞伎町の風俗で。2度目は10年ほど前、港区のとあるワインバーで。そして3度目をまさか**この歳で経験**するとは……。

その女性とは、ある夏、某制作会社が主催した、ビアガーデンでの納涼イベントで知り合った。広告代理店の関係者などが100人以上集まる中、その女性は、内巻きのふわっとした髪の毛をなびかせてひときわ目立っていた。鼻筋が通って目が大きく、奥菜恵《おきなめぐみ》似のスタイル抜群美女。ヒョウ柄の服が似合っていたので仮にヒョウ子としておこう。

ヒョウ子は同僚っぽい女子と、やや手持ち無沙汰そうに話している。胸に下げた名刺を見ると大手代理店。そんな美女はどんな生い立ちで、どんなコネで入社したのか。**エロ・ジャーナリズム魂**がうずく。

声をかけると、僕のドM心を刺激するSっ気のある女子だった。代理店には5年契約で入社し、いま5年目。今月で退社になるから就職活動しなきゃ、なんて話を聞きながら、予想以上に盛り上がる。相手がランカー（釣り用語で「大物の魚」のこと）であればあるほどバサー（ブラックバス釣り師）としての使命感は強くなる。ムリ目であればあるほど、奇跡を起こしたくなるものだ。釣り師として、この場は**あえてリールの糸を巻かず、ほどよくゆるめておく。**まずは、LINEのＩＤ交換だけにとどめた。

その後たまにLINEでやりとり。就職について、恋愛や結婚について。で、「今度、飲みながらゆっくり話そう」「ぜひ！」となった。

しかし、なかなかお互いの予定が合わずに数ヶ月が経っていたある日、珍しくタイミングが合う日が来た。場所は恵比寿がいいという。僕が恵比寿でお店を探してみるも、忘年会シーズンの金曜とあって、どの店も満席。「白金のワインバーなら取れたけど」とメールすると、「恵比寿のもつ鍋○○で」と店のＵＲＬつきで返信が。一応、食べログでチェックすると予算１人４千円程度の、いい感じのもつ鍋屋だったのでそこに。

店に着くと満席で待ち客がいるほどの盛況。ヒョウ子も現れ、奥の個室に通された。ヒョウ子がコートを脱ぐと、ノースリーブの黒のニットワンピ。艶やかな白い二の腕がパチンと現れ、デコルテから谷間が覗き、ピタッとした腰のくびれあたりが浮気おじさんをドキっとさせた。

ヒョウ子は、店長らしき男に「私のシャンパン、お願いね」とオーダー。それはメニューにない自分の持ち込み。この店は行きつけだから好きなシャンパンを置かせてもらってると笑っていた。そういえば思い出した。初めて会ったイベントでも、安いスパークリングは苦手でシャンパンしか飲めないと、生意気なことを言ってたなと。

もつ鍋をつつきながら恋と仕事の話で盛り上がる。ヒョウ子はいまだ無職、彼氏との結婚も先に進まないという。わがままな悩みに真剣にアドバイスしながら、徐々にデートな空気に持ち込む。

あるレーサーは言った。「凡人が乗りこなせない猛獣のようなマシンを、平然と乗りこなせるからこそ、レーサーなんだ」。

だとしたら今、僕はレーサーかもしれない。「あ、じか箸で平気?」と聞くと「平気よ、そんなの。**じか箸できない人と一緒にもつ鍋、私から誘わないから（笑）**」と返ってきたのだから。自称・潔癖女子が許した「じか箸」……。このあとチューぐらいできそうだなとアホ妄想が広がり、夢と股間は膨らむばかり。さらに酒も進む。

「すいません、佐藤のロック、おかわりで……」

僕は2杯目から焼酎に変え、シャンパンは1杯目だけにしておいた。なぜなら、黄金色に輝く「ルイ・ロデレール・クリスタル」だったから。このボトルが登場した時、え、これ高いヤツじゃん。いくらだろう？　と思ったものの、これはヒョウ子の持ち込み、ここで値段を聞くのは野暮と聞かずに流した。他の酒は飲めないというヒョウ子のためにもクリスタルは残しておかなければ、という気遣いでもあった。

おおいに盛り上がって〆のチャンポン麺も食べ終え、そろそろお会計かな、というタイミングでヒョウ子がトイレに立った。ふとクリスタルの値段が気になり、店長が現れたので聞いてみた。

「ちなみにこれって、おいくらなんですか？」

「6万円です」

え～！　まさかの金額にのけぞった。カードで払えないわけではないが、もつ鍋屋でそれは予想外でありそもそも法外。たとえ一流レーサーでも、このヘアピンカーブに平然としてはいられないだろう。戻って来たヒョウ子に言った。

「今聞いたらこれ、1本6万だって？　さすがに……じゃない？」

すると本物の豹のように牙をむいて噛みついてきた。

「てかさあ、私がトイレ行ってる間に、何こそこそ値段とか聞いちゃってんの？　勝手に値段とか聞かないでよ！」

いやいや、払うのはこっちなんだから聞くだろ。バカ女にこう返してやった。

「好きなシャンパン持ち込むのは自由だけどさ、だったら、先にこっちに言うべきじゃないか？」

「え？　言ったじゃん、シャンパンしか飲めないって。お気に入り、入れてあるって」

「いやいや、それがそんなに高いのなんて思わないし……」

「値段は見ればわかるでしょ」

シャンパンを出した時、銘柄を隠すようにクーラーに入れたまま持って来て抜栓していたのを僕ははっきり覚えている。もういい、本気でキレてやった。

「あのさ、もう二度と会うことはないからハッキリ言うわ！　だいたい持ち込みなら普通、持ち込み料だけだろ。何だよこの値段。そっちで店を指定してきて勝手に高いの開けて。これって**ボッタクリバーとか、キャッチバー**と同じ手法だろ」

「はあ？　どこがボッタクリよ！　だいたい何キレちゃってんの？　私に先に言えば原価になるわよ。じゃ、いいわよ、**3万で**」

それでも高い。もう会わないと決めたのだから、もはや見栄は不要。

「俺さ、これ1杯しか飲んでないから、シャンパンは割り勘でいいかな?」

空気を察した店長が来た。

「店長、この男が、原価で割り勘とかなんか、しょぼいこと言ってるからさあ。しかたないからそうしてやってよ」

静まり返った個室。払いたくもないクリスタルの原価の半額1万5千円ともつ鍋代の5千円、計2万円ちょいを支払い、僕だけ先に逃げるように店を出た。

あのクソ女め……。道すがらクリスタルの原価をググってみると2万弱。きっと、あそこでサラっと支払う浮気おじさんもいるんだろうな。いまだ無職の女、店とグルになって、キックバックもらって生活してるんだろうな。思えば最初からあやしい女だった。でも完全なカモにはならなかっただけ命拾いしたんだと、自分に言い聞かせることにした。

冒険家気取りの我々浮気おじさんは、時にその崖が危険に思えても、あえてピッケルを刺して前に進むこともある。

なぜかって? もちろんそれは、そこに山があるから。**美しい女性という霊峰の稜線は、我々冒険家に、何とかして登りたいと思わせるから。**ただそれだけだ。

僕のカバンから出てきた動かぬ証拠……うすぴた事件

オーストリアの精神科医・フロイトは、「ネクタイはペニスの象徴である」と言った。

なるほど、だから女性は男にネクタイを贈り、それをつけてることに喜びを感じるのか。

「彼が首にしてるペニスは私のモノよ」てな具合に。

それゆえ世の妻は、どこぞの女から贈られたネクタイを夫がしてると嫉妬するのかも。

ネクタイは紳士のシンボルでもあるが、一説には、ネクタイがないと首輪のない野良犬のようになるので、女性が男をコントロールする**犬のリードのようなもの、**とも言われる。

男の体の真ん中に、細くて長いモノがぶら下がってるというビジュアルを考えると、たしかにネクタイはポコチンを彷彿《ほうふつ》とさせる。結び目が亀頭に見えて仕方ない（笑）。

我々男は、このポコチンというどうしようもない〝**ならず者**〟を、時にかわいがり、時にいためつけながら、24時間３６５日、帯同させている。

そして、女性には理解しがたいと思われる些細なキッカケでムクムクと目が覚め、手がつけられないほど暴れ出すことがある。

ある時は合コン中、フェチ発表ゲームで隣りの女子が「私、ノド仏フェチ！　あ、このノド仏、最高」と、ノドを触られた瞬間だったり……。

ある時は、女子とハグした時のヒップに回した指先が、薄手のスカート越しに「絶対Tバックじゃん」を確信した瞬間だったり……。

我がムスコは、どれだけ叱ろうとも、ぐいぐい反り返る**反抗期**を迎える。

まさに、不良ムスコ（笑）。

そんな時、ムスコの父である我々浮気おじさんは深く感じ入る。

何に対しても無関心で傍観者な〝しらけ世代〟のようなムスコに比べたら、また、バイアグラという薬に溺れるヤク中ムスコに比べたら、うちのムスコは、ヤンチャだけど健康的でいいじゃないか、と。


反抗期のムスコは、頭ごなしにねじ伏せて自由を奪うよりも、語り合うことが重要だ。

「いいか、手を出してもいいけど、傷つけたり、悲しませるようなことはしちゃだめだぞ。そして、最低限のルールは守れ」と。

ノーヘル（被らない）運転で事故って大怪我されるよりも、常にヘルメットを被る暴走族であってほしい。

一緒に乗る相手から「ヘルメット被ってくれなきゃ、またがるの、イヤ」と言われた時に、「面倒くせえな、ノーヘルで大丈夫だから。**事故んないから**」と言って強引に走らせる不良ライダーにはなってほしくない。

そんな思いで、僕は、ある時期、仕事のカバンの中にいつも、コンドームを忍ばせていた。すると、忘れた頃に天災はやってくる。ある日、僕の前に、カバンとそのブツを手にした鬼が来た。

「おい！　なんだ、**この『うすぴた』ってのは！**　こんなモノ、なんでカバンに入れとく必要があんだ？　**やってんだろ？**　正直に言ってみろ」

警察で取り調べを受ける容疑者にスタンドライトが向けられるように、僕の鼻先に「うすぴた」という名のコンドームがすりつけられた。もはや、言い訳のしようのない動かぬ証拠。僕も当然、いざという時「ヘルメット被ってねお姉さん」に会った時のためにカバンに入れているわけだし。

しかしここで、我々浮気おじさんは、「はい、そうです。浮気してます。すいません」と認めるわけにはいかない。かと言って、「未遂です、まだ一度も使ってませんから」と言えば、「何だと！　じゃ、やるつもりだったのか⁉」と余計に怒られる。

鬼への答えを考えるその時間、**わずか1秒。**僕はこう言った。

「これは、仕事先で、どうしてもセルフでしたくなった時に、手や周りを汚さないために必要なのよ。あ、たぶん、女にはわからないと思うんだけど、男は、たまにゴム使うのよ、1人エッチする時に。人の記憶は匂いで呼び起こされるって言うじゃん？　ゴムの匂いと締めつけ感で、逆に盛り上がるっていうか……」

「逆に」ってなんだよと思いながら、真剣に言い訳した。もちろんウソなのだが。

女子にはわからぬ男の哀しい事情をアピールしたことで、うまく切り抜けられたかな、と思ったその時、鬼は言った。

「ほう〜〜。どうやって、それつけてセルフですんのか、じゃ、**今、見せてみなよ**」

まるでヤクザである。

しかし、男に二言は、あるけど、ない。

「え、今？　ここで？……あ、全然いいよ」

僕は必死で実演して見せようと頑張った。静かなリビングで、お気に入りのAVの好きなシーンを早送りで探す。しかし、ならず者のムスコは、こんな時に限って、うんともすんとも言わない。

街でカツアゲしようとする不良に、お金持ってないと言うと「じゃ、ジャンプしてみろ」と言われ、チャリンチャリンと小銭の音が響いてるような、そんなマヌケな時間が流れていた……。

そんな、どうしようもない我がムスコに、イーグルスの名曲「デスペラード」（ならず者）を贈る（日本語訳詞を一部抜粋）。

ならず者よ、なぜ**目を覚まさないんだい？**
お前にはお前の言い分があるだろうけどさ
お前を楽しませることがお前を傷つけることだってあるんだよ
お前は**手に入らないもの**ばかりほしがるんだな
ならず者よ、なあ、お前は**若返らない**
誰かに**愛されるべきだ**
手遅れになってしまう前に

「シャッター理論」とゴルフバッグのような別れ

我々、浮気おじさんが考える恋は、できればこうあるのが理想と考える。

「始まりはあるけど、終わりがない」

通常、相手から「もう別れましょう」と言われた時、2人の間には「壁」が築かれる。もう連絡をしない、もう会わない、Facebookの友達削除（互いの近況を知れなくなる）といった隔たりを意味する「壁」だ。

恋心という魔物は、たやすくはコントロールできないもの。とはいえ別れたあとも、また逢いたいとしつこくメールしたり、相手にストーカー的につきまとったり、2人の間をはばむ分厚い「壁」を力ずくで壊そうとすれば、その拳にケガをする。

我々浮気おじさんも、かつては、そんな苦い経験をした。頭を抱え、妙に落ち込んでいたら、鬼に「女にフラれて仕事に影響してんじゃねーよ」とツッコまれたことも多々ある。

そんな経験から生まれた浮気道は、レジャー的「別れ」に対するリスクヘッジ。もう落ち込まない、もう鬼にバレない。それが……**「シャッター理論」**。

仲良くしていた大人フレンド（人妻）が、急に旦那から門限を言い渡され、もういっさい出歩けなくなった。なのでもう会えない。という告白。

新しいカレができた。カレのことが大好きで大切にしたいので、もう会えない。という告白。

（本当の理由はさておき）そんな「もう会えない」という別れの告白に対し、昔ならいちいち落ち込んでいたが、今は違う。浮気おじさんとしてはこう返す。

「そうなんだ、ＯＫ！　じゃ、**しばし閉店ガラガラで（笑）**」

「なにそれ？」

「え？　シャッター理論。最初の頃、言ったと思うんだけど、うちらみたいな大人フレンドって、始まりはあるけど終わりはないのよ。別れという壁は作らない。壁じゃなくてシャッター。シャッターってさ、**閉めてもまた開けられるじゃない？**　そんな感じ。で、シャッターって、新聞を差すための隙間みたいなの、あるじゃん。パカパカ開けて覗ける隙間。あそこから、たまに覗いていいの。だから、Facebookもつないだまま。相手の近況をたまに覗いたり、覗かれたり。で、状況ってこの先、変わるかもしれないじゃん。もしまた会えるようになったら、シャッターの下を、ちょこっと開けてくれればいいの。そしたら、**〝開店ガラガラ〟**ってシャッター開けるから。また会えるから（笑）」

「なるほど、そっか。この話し切り出して嫌われたらどうしようって、けっこう悩んだんだけど、その考え方、いいね。そんなに深刻に考えなくていいってことね（笑）」

そんな「シャッター理論」を別のことで見立てると。

レジャーな恋の別れは、別れのようで別れではない。レジャーつながりで言い換えるなら、**「ゴルフバッグを実家の物置きやトランクルームにしまっておくようなもの」**だ。そう、何かの事情で、もう当分ゴルフしないなと思った時。ゴルフバッグごと処分してしまうのはもったいない。かと言って玄関に置きっぱなしも邪魔だ。いつかまた、ゴルフするかもしれない。そんな時のために処分せずにしまっておく。完全に縁を切らない。と言いながらも、もしかしたら一生ゴルフしない可能性もある＝一生その人と再会しないかもしれないのだけど。

浮気おじさんも女子から**「それってキープ的なこと？」**と言われたこともある。たしかに、キープといえばキープ、都合よくまた会えるなんて、ズルいといえばズルい。だが、そもそも大人フレンドは普通の恋人と違って、吹けば飛ぶほど圧倒的に弱い立場なのだから、パイプも細いのだから、せめて、終わりがない別れがないショックがない、そんな感じで許していただきたい。

浮気というレジャー。いつか状況が変わり、再会したい気分に変わったら、ほこりだらけのゴルフバッグを倉庫から出していただきたい。その時は**19番ホールで、**素晴らしいバックスピンがかかったドライバーショットを〝気持ち良く〟決める所存だ。

あ、今、見栄を張りました。

「フォアーーー!!」

鬼が下した最強の罰、「私を1ヶ月抱き続けろの刑」

僕が「鬼」と呼んでる1つ年上の妻は、出会った頃は犬好きで世話好きで、とにかく明るい、Sっ気たっぷりのいい人だった。それが、僕の浮気疑惑が起こるたびに、性格がきつくなり、言葉もヤクザのようになり、一人称も「私」だったのが「オレ」になり、僕のことも、ある事件を境に「おい、**変態！**」とか「おい、**ちんカス！**」と呼ぶようになった。

ここ2年ぐらいは、我が子（中2女子と小2男子）も含め、一家揃って僕のことを「**鼻毛**」と呼びやがる。我が子は僕に「ねえ、鼻毛、これ買って」とせがんでくるが、人にモノをねだる時の言い方ではないと思う。素直に返事して買ってあげる僕も僕だが……。

家で僕の威厳がゼロになったのは、すべて鬼のせいだ。鬼に言わせれば「お前が浮気するから、お前の口が悪いから、すべてはお前のせい」と。じゃ、仕方ない。鼻毛と呼ばれる代わりに自由をいただこう。そう自分に言い聞かせて鼻毛呼ばわりを受け入れている。

鬼が鬼と化した、最初のある事件……。

それは、僕がまだ大学生で、結婚する前、互いに別のワンルームマンションに1人暮らしの頃。大学の友達Zと、夜からブラックバス釣りに茨城へ行くとウソついて、浜松のホテルオークラで名古屋の女と浮気デートする約束をしていた。

夜景のキレイなバーで飲んでいると、鬼から電話が何度もきた。ジャズが聴こえるバーで電話には出られない。

「ごめん。ちょっと電話してくる」と言って静かなエレベーターホールで鬼に折り返す。

「もしもし？　あ、ごめん電話くれてた？　運転してて出れなかった」

「今どこ？　霞ケ浦で釣りだよね？　Zくんは？」

「ええとね、今、コンビニに買い物に行ってるからここにいないけど……」

「お前さ……ふざけんなよ！　Zは自宅で寝てましたけど！」（ブチッ、ツーツーツー）

ヤバい。慌ててZの自宅に電話すると、**「あ、さっき彼女から電話あったわ」**。

終わった。ウソがバレた。じゃ、どこにいることにしようか。なぜウソをついてまで浜松に来る理由があるのか、必死で考える。するとまた鬼からの電話が鳴る。出ないわけにいかない。言い訳を考えながら出た。

「もしもし、あ、ごめん、釣りっていうのはウソで……」

「お前、誰といるんだよ、言ってみろよ」

「あ、実は、実家のほうで、恥ずかしくて言えない事情があって……」

「はあ？」

しばし沈黙が流れる。すると、

「ピーーン、ポーーン」

明らかにホテルのエレベーターホールの音が鳴った。

「おい！　お前そこ、ホテルだろ！　正直に言ってみろよ！」

鬼のように怒鳴られた。


こうして1人の女性は、僕が起こす事件によって、鬼と化していった。そのたびに、**強烈な罰**が僕に下される。

浮気がバレて、**土下座**。

浮気がバレて、**高いバッグ**を買わされる。

浮気がバレて、母ヒデコ（でぶ）に**チクられる**。

徐々に、僕にとってツライ刑罰にエスカレートしていく。

そして、過去、浮気した罰で最も衝撃的だったのが**「1ヶ月、毎日、私を抱き続けろの刑」**、だった。僕にとって、それが当時、もっともツライことだと認識していたのもすごいが、それを罰として課すのは鬼のようだ。

約束どおり、仕事が終わったら、合コンにも行かず、もちろん浮気もせず、まっすぐ帰宅し、**鬼の手料理を食べ、鬼を抱く。**

苦しかった。泣きたかった。逃げたかった。

でも、これが自分に課せられた罰なのだから、懲役なのだから、やるしかない。3日経ち、4日経ち、1週間が過ぎると不思議とコツを覚えた。**アスリートのように、**体調を整え、食事も気にした。奮い立たせるため、好きなAVを書斎で見て〝整えて〟から寝室へ走ったりもした。

終盤のほうは、どうにもならず、あるアイデアを思いつく。当時ハマった女子がつけていた、シャネルのCHANCEという香水。これをプレゼントというテイで贈り、鬼にふった。ニオイは、ある記憶や感情を鮮明に呼び起こす作用があり、これは**効果的だった。**

こうして毎晩、毎晩、歯を食いしばって、仕事以上に頑張った。

1ヶ月後、**刑期終了**した僕に、鬼はこう言った。

「やればできるじゃねえか。**今までどこでやってたんだ、お前は**」

ドキっとした。

それにしても、よくしたもので、毎日鬼を抱き続けた1ケ月、浮気したいと思わなかった。家でノルマがあると思うと、そんな気になれなかったことだけはたしかだ。

ちなみにうちの鬼は、般若のような顔をしている。般若は、「嫉妬に苦しむ鬼女」である一方、仏教用語で「修行の結果として得られたさとり・智慧《ちえ》」を意味する。

僕も鬼から、多くの悟りや智慧を授かっている気がする。

第4章

プロの口説き術を知っておけば心の余裕が

30分後に両想いになる！ほめほめゲーム

「手練手管《てれんてくだ》」という言葉がある。

もともとは、遊郭の業界用語で、遊女がお客の気を引き、意のままに操るテクニックのことを言った。そこから派生して、現在では「人を騙《だま》すために用いるテクニック」などの意味に使われている。

遊女をリスペクトする我々浮気おじさんも、いかにしたら女子にその気になってもらえるか、口説きの術「手練手管」を、日々研究している。

一方、ギャンブルの世界には、「イカサマ」とよばれる不正行為のテクニックがある。イカサマの本を読んでイカサマをするのは罪だ。しかし**イカサマを知ってイカサマの被害に合わないようにするのは罪ではない。**自己防衛。

これから紹介する我々浮気おじさんの手練手管、プロの口説き術は、男子が実際に行うのは罪悪感があるかもしれない。あまりにも簡単に女子を落とせてしまうから……。

しかし、これを逆に、女子が知っておくことは、本気でもない浮気おじさんたちにたやすく口説き落とされなくて済むという意味で、防犯対策になるだろう。つまりは、「イカサマの見破り」というテイだ。

最初に紹介する口説き術は、男子にとっても女子にとっても朗報。それほど罪悪感なく、相手を簡単に落とせる手練手管。やれば30分後に両想いになる！　という奇跡のテク、その名は**「ほめほめゲーム」**。

まず、あなたと相手の座り位置、つまり男女のポジショニングだが、テーブルなどの対面ではダメ。カウンターなどの**「横並び」がマスト。**テーブルだとしても、ファミレスのバカップルのように、必ず隣りに座ってもらいたい。

心理学的にも、無意識に、対面座りは敵対心を作り、横並びはカップル意識を盛り上げるという。そして、肩と肩が触れやすく、足と足が当たるハプニングは、**「吊り橋理論」**（男女が揺れない橋を歩くより揺れる吊り橋を歩いたほうが恋が芽生えやすいというカナダの心理学者の学説）以上の、誰もが妙にドキドキする**「こたつ効果」**（浮気おじさんの学説）を生む。

ちなみにカウンター横並びの場合、盛り上がった時の夢も広がる。たとえば、テーブルに対面座りでは難しい、カウンターの下で手をつなぐとか、女子の太ももに手を置くとか、鮨屋で「握ってください！」とオーダーしながら彼女にポコチンを握ってもらうとか、夢のドスケベ行動を、鮨屋の大将に気づかれずに行えるのも、まさにカウンターの「こたつ効果」にほかならない。


さあ、そんなことで、いざカウンターに横並びで座った2人、準備は整った。

ほろ酔いなタイミングで、浮気おじさんはこう言う。

「なんかね、**心理学的に盛り上がるゲーム**があるんだけど、やってみていい？」

あくまで遊び、ゲームであると伝えるのがプロの技。そして小さな声で発表する。

「ほめほめゲ〜〜ム！」

「ほめほめゲーム、ですか？」

「ルールは簡単。互いに相手の〝いいな〟って思うところを1つずつ、交互に発表しながら、ほめラリーする。見た目でもいいし、中身でもいい、なんでもいい。ゲームなので、ウソでもいい」

「え、ウソでもいいの？」

「いいの。だって〝もうほめることない〟って言われたら、ショックでしょ？　だから、

ウソでもいいから、何かしらほめる。っていうルールなのよ」

「へえ、なにそれ～？」

「心理学的にあることがわかるから。じゃあ俺からいくよ……。ええとね、目がかわいい！」

「ええ？　なんか照れる。あ、ウソかもしれないのか。私？　ええと、メガネが似合う」

「ありがとう。ウソでも嬉しい。じゃあ次いくね。ええと、服のセンスがいい！」

「ウソでしょ？　じゃ私、ええと、グルメなところ？」

「気がきく！」「声がいい？」「肌がきれい！」「金髪が似合う？」

そんなことを、5往復から7往復ほど繰り返す。おじさんの経験だと、10分もすると、2人に恋の芽が生まれる。


それはなぜか。人間というのはよくできたもので、**できればウソはつきたくない。**ウソついていいゲームとはいえ、一生懸命、相手の「いいところ」を探してほめる。そして、すぐにこう気づく。自分が言ったほめ言葉「メガネが似合う」とか「グルメなところ」とか、本気で答えてウソはついてない。ってことは、相手の言った「目がかわいい」「服のセンスがいい」「気がきく」「肌がきれい」というほめ言葉が**すべて本当であると。**

何だかゾクゾク、ドキドキしている自分がいる。気持ちがハイになっている。お酒が進み、自然に肩と肩が触れ、スキンシップが増して、気持ち良く酔えている。

「で、結局この心理テスト、なにがわかるの？」

するとおじさんは、彼女の耳元で囁《ささや》く。そう、さっき彼女がほめた〝いい声〟で。

「相性がわかるらしいよ」

「……！（ゾクゾク）え、相性？　いいの？　悪いの？」

「どう思う？　周りに聞こえないように聞かせてくれる？」

彼女が、ためらわずおじさんの耳元で囁くその答え、**悪いはずがない。**

ある心理学者が言った。愛の告白は小声なほどリアリティがあると。

カウンター横並びだからこそ可能な囁き。

こうして彼女は、30分という時を待たずに、恋に落ちた。

これが、我々浮気おじさんの間で有名な「ほめほめゲーム」からの**「ささやき女将《おかみ》効果」**である。

吉兆ならぬ、吉報が待っているだろう。

「僕をあなたの4位にしてくれないか？」プロ彼氏は身の丈に合った戦略

「プロ彼女」というキーワードを覚えているだろうか？

２０１５年、流行語大賞にもノミネートされた言葉。生みの親であるコラムニストの能町みね子さんによると、「プロ彼女」のもともとの定義は「芸能人・スポーツ選手とばかり付き合う一般女性。容姿は端麗。芸能活動を昔やっていたが、名前を検索しても見つからない、あるいはやっていない。ブログやＳＮＳも見つからない。自己主張をほとんどしていない」など、らしい。そこから転じて最近では、「自立している、協調性がある、彼氏の成功を願う陰の功労者」など、意味が広がりつつあるようだ。

自分は姿をひそめて相手を立てる感じは、中途半端な素人と違って「プロ意識が高い」ということだろう。

そんな流れの中においておいて我々浮気おじさんはというと、「相手のことを第一に考え、自立していて協調性があって相手の成功を願う」という意味で、もしかしたら**「プロ彼氏」**

かもしれない。その定義は、

――こちらが「既婚」であることを相手に理解してもらったうえで付き合う。

――デート中は彼氏のように楽しむが、帰路につくと夫に戻る。

――彼氏でもないし、セックスフレンドでもない。

――相手にとってこちらは彼ランキング「第4位」であり、上を目指さない。


そう、僕は合コンで、女子から「彼女はいるんですか？」と聞かれたらこう答える。

「彼女？　欲しいよ。できれば、たくさん。なんだそれ（笑）」

「彼女たくさん作ってどうしたいんですか？」

「全員に、もてあそばれたいね。玩具の玩と書いて〝もてあそぶ〟と読む、なんだそれ（笑）」

「Bさん、奥さんいるんでしょ？」

「いや、平日の夜は独身……　〝気分で〟遊ぶよ。平日の彼女募集中、なんだそれ（笑）」

「愛人が欲しいんですか？」

「いや、愛人は要らない。僕がいいなって女子が現れたら、その女子にとって僕が**4番目の彼になりたい**のよ。本命彼氏か旦那か、1位がいるじゃん。で、その次にいいなっていう、セカンド的な男もいるでしょ、だいたい。その次がいてもいなくてもいいんだけど、とりあえず、1位から空席2つぐらい作って、俺。第4位の男ね。俺の上に3人もいる。もてあそばれてる感じでしょ？」

「2位じゃダメなんですか？」

「あなた蓮舫《れんほう》？　それは無理。チガウか（笑）。2位はね、責任が重い。本命が消えたらすぐ俺じゃん？　それは無理。俺の前に2人ぐらいいると助かるね。**オリンピックの表彰台**って、3位までだけど、4位って、目立たないけど、実はすごいじゃん。3位と僅差だったりする悲しさがある。メダリストという重圧はない。その哀愁と身軽さがいいんだよね」

「意味わかんな〜い。何が目的なの？」

「それぞれの彼女にとっての、〝プロ彼氏〟的な？　でもそれが、**周囲に絶対バレない**、そのプロ意識がすごいのよ（笑）」

こんなやりとりの中で、本命以外の「4位」を作って得するのは4位の男だけで、女子は損するだけでは？　というご意見もいただく。そんな時に僕は、こう続ける。

「カレーライス、好き？」

「はい、普通に好きですけど」

「じゃ、カレーライスは、なぜ美味しいかわかる？　実はカレーのルーだけじゃ、それほど美味しくない。ライスがあるからカレーは美味い。それと同様、**カレーが彼氏で、僕はライスなのよ。**あなたは、ライスを食べることで、つまり4位の男を持つことで、カレーのことをよりありがたいと思い、カレーの旨味も増すんだ。だから、僕というライスを、とりあえず味見してはくんないかな〜？　めっちゃカレーが食べたくなるし、カレーのルーばっか食べてた頃よりカレーが美味しく感じるから。〝カレーがカレ〟っていうのも言い得て妙でしょ？」

「ええ〜、ダジャレですか？」

「股間もホクホクのライスを召し上がれ！　先っぽがコシヒカリ！」

「くだらな〜い（笑）」

「あ、ライスなんておこがましい、らっきょうか福神漬け扱いでもいい。いでよ、らっきょ（笑）」

そんな下衆《げす》な会話が、盛り上がる日もあれば**スベりまくる日もある。**そして仮に盛り上がって「いい感じ」になったとしても、しょせん僕は「4位の男」。ただ、ただ、もてあそばれているに過ぎない。だとしても誰にも言いません。

「プロ彼氏」ですのでご安心ください。

マツキヨ店頭販売商法「結婚相手を探してあげようか?」

ドラッグストア業界の最大手、「マツモトキヨシ」(通称マツキヨ)は、あらゆる工夫を凝らし、業績を伸ばしている。たとえば、繁華街にあるマツキヨは、店頭に激安な女性向け商品を並べてヒットを生んだ話をご存知だろうか?

繁華街は人も多いがライバル店も多く、素通りされやすい。何とかお客さんに立ち止まってもらえるよう、激安な女性向け商品を、通りに面した店頭に並べる。「安っ!」と気づいた女性客の足が止まる。客足が止まるとさらに歩いてる人の足も止まる。手が伸びる。お会計をしに奥のレジへ向かう。奥へ向かえば途中で目にする商品にも手を伸ばす。売り上げが伸びる。言われてみれば当たり前のことかもしれないが、マツキヨはこの「店頭商品」効果により、女性たちの人気を集めている。

僕が仕事しているテレビ業界でも**「特番の構成は〝竜頭蛇尾《りゅうとうだび》〟が鉄則」**と言われている。

19時からの2時間スペシャルだとしたら、19時のド頭になるべく〝画《え》が強くて〟わかりやすいものを持ってきて（竜頭＝竜のように立派）、最後は弱くてもいい（蛇尾＝蛇のように細い）という法則。漫才やスピーチのツカミ（冒頭のネタ）も然《しか》り。何においても「入り口」でお客さんをつかむことは大切だ。

我々のような既婚の浮気おじさんは、いい歳こいて合コンやパーティ的な場が大好きなのだが、時々、巷《ちまた》には結婚願望の強い独身女子が多いことに驚く。年齢は40歳前後、いわゆるアラフォー。女医さん、社長秘書、経営者……。みなさんバリバリ仕事していて、おそらく稼ぎもあって、見た目も美しい。

我々が口説こうとすると、「既婚者はダメ！　不倫は絶対しないので」と彼女たちは冷たく、既婚な浮気おじさんは、まあモテない（笑）。すぐにでも結婚して子供が欲しいアラフォーの彼女たちにとって、**不倫などしてる暇はない。既婚野郎に口説かれても何もいいことがないことぐらいわかっているから仕方ない。**

しかし。だからと言って我々浮気おじさんはタダでは起きない。片や股間は起きている（笑）。それなりの時間とお金を費やして参加しているのだ。おめでとう、いい誕生日会だったね、だけじゃ帰れない。出会いという〝手土産〟が欲しい。

若い女子なら、我々お得意の〝美味い店知ってるグルメじじい風《かぜ》〟を吹かせればすり寄ってくる。しかし敵は金もあって美人で巨乳。ミシュランタイヤも驚きのグルメなスタッドレスタイヤ。そう簡単には滑って落ちてくれない。

そこで考えた。彼女たちにとって、最も食いつく**〝店頭商品〟**は何なのかを……。

「結婚ね……。どんな人がいいの？　**探そうか？**」

とスマホの連絡先リストを開く。実はこれが、マツキヨでいう激安店頭商品となる。

「え、本当？　お願い！」と、さっきまで僕に背を向けていた独身アラフォー女子が、椅子をこちらに向け、するすると**マツキヨの奥へ吸い込まれるように、**身を乗り出してくる。

1人来ると、2人、3人、4人……。噂を聞いた女子たちが次々と集まってきて行列ができる。

結婚願望が強いそんなアラフォー女子に、おじさんはまずこう聞いてみる。

「夢があって、稼ぎのない年下くんを、養ってあげるのは、どう？」

「えー、養ってほしいとは思わないけど、自分が男を養うのはイヤ！」

とアラサー女子たちは口を揃えて言う。女医とか、社長とか、それなりに稼いでるんだから養ってあげればいいのに。結婚ってのは、互いに自立してるよりも、養ったり養われたり、頼ったり頼られたりによって成立するのに。自分の弱さ、相手の弱さ、それを自覚するのが結婚なのに、「養ってくれなくていいから、養いたくはない」と、相手の強さも弱さも受け入れないアラフォーたち。謙虚に養ってもらえ！　または男前に養ってやれ！　だから結婚できないんだよ、なんて思うのだが……。

そんなことはさておき、「どんな人がいいの？　探そうか？」というフレーズは、既婚の浮気おじさんにとって、結婚したいアラフォー女子への最初のツカミとして有効なことだけはたしかだ。マツキヨ商法同様、店内に入ってもらえればこっちのもの。Facebook でつながり、素性をお互いが知り、独身男を紹介するという理由でメシ会を開き、結婚哲学を教えるという理由でデートすれば、もしかしたら独身男子が口説く以上に、グルメなミシュランタイヤ女子の**スタッドレスをつるつるにして滑り落とす**のが容易かもしれない。

これだけ聞くと、アラフォー女子の結婚したい願望をもてあそぶ悪いおじさんにしか聞こえないかもしれないが、我々はそうじゃない。

結婚したいアラフォー女子を騙すつもりはないし、婚活の足を引っ張るつもりもない。

我々の思いはひとつ、**幸せな結婚をしてほしい、**だ。ただ、彼女たちに足りないのは、日頃の恋のトレーニング。女子会のようなぬるい合宿では、野球で言うところの**「肩を冷**

やす」一方。彼女たちが、今後いつ素敵な男性に出会おうとも、素晴らしいキレのある球をバシっと投げ込めるよう**「肩を温めておこうぜ」**と言っているのだ。

長い間、恋を休んでる女子は「蜘蛛《くも》の巣が張る」などと言われるが、実際、あそこに蜘蛛の巣は張らず（当たり前！）、性器が硬くなったり、伸縮性がなくなったり、濡れにくくなるという。

ただし、我々浮気おじさんが言いたいのは、そこではない。そこまで行ったら**どうにでもなるし、**伸縮性や濡れについては、**セルフ**のサービスで自主トレしとけ、という話だ（笑）。大事なのは、そこに行く前の段階で必要とされる恋愛筋肉を鍛え、男にちゃんと「投げ込める肩」を作っておくべしということ。

好きな人に会うまで投げないのでは「肩がサビつく」。

今やるべきは**〝今その年齢での〟**男にモテる酔い方や、モテるツッコミ、モテる聞き上手テクを磨くことであって、**〝若かりし頃モテたそれ〟**では誰も見向きもしない。ドラマ『私 結婚できないんじゃなくて、しないんです』を研究しても、婚活本や雑誌のモテテクを熟読しても、実践が伴わなければ、ダイエット本を読むだけでは痩せないように、意味がない。知識は意外と役立たない。

そう、いい人に出会ってから久々に投げるのでは遅い。本番での暴投は命取りだ。

その**実践的キャッチボール相手**として、暴投上等、どんな球も受け取ってくれる頼もしい**キャッチャー**として、我々おじさんは立候補しているのだ。

あなたたち独身女性が幸せになるための「肩」を作ってあげたい。ただし、キャッチボールと言いながら、おじさんのバットが立ってたらごめんなさい（笑）。

デッドボ――――ル！

浮気ビギナーに捧ぐ、ダイエットのミックスナッツ的「3P飲み」

我々浮気おじさんが、合コンや飲み屋でいろんな女子と接していると、これまで浮気の経験ゼロな〝レジャー〟ヴァージン女子も意外といる。男でも、今は愛する妻や子供がいるので浮気なんてするつもりは毛頭ない。そうおっしゃる一穴主義もいる。

しかし、あれほど浮気しないと熱弁してたパーフェクトヒューマンが、ある日、浮気が原因で離婚に陥ることが、たまにある。

あれを見るたびに思う。ダイエットしたのに、リバウンドで前より太ってしまうのと似てるなあと。

そう、**夫婦というのは無理な「ストイックさ」**が不幸の原因になることもあり、そう考えると、リバウンド（離婚）するぐらいなら、無理せず、生涯ぽっちゃり（浮気性）のほうが幸せなのではないかと思うのだ。

大事なことは、食べないこと、我慢することではない。湧き出てくるどうしようもない

「欲」に対し、「ミックスナッツ」などの太りにくい良質なタンパク質で、ほどよく胃を満たすことだと、よくダイエットの先生は言う。

それに似た、僕の**「ミックスナッツ」的レジャー（浮気）術**をご紹介したい。


未婚のあなた。付き合ってる彼はいるが倦怠期、別れたくはない。でも、気になる既婚男が現れた。

既婚のあなた。子育ても落ち着き、ちょっと遊びたい気持ちもある。女子だけのママ会にはもう飽きた。最近Facebookで仲良くなった彼がごはんに誘ってくれるけど、デートする勇気はない。または友達から人妻合コンしようと誘われてるけど、罪悪感を感じて参加できない自分がいる。

そんなあなたへ。バレてもいいプチ浮気から始めてみる。

それが**「3P飲み」**。


男子1人&女子2人、計3人での食事会または飲み会のことを、僕は勝手にそう呼んでいる。なぜ2対2ではなく1対2という比率がいいのかというと……。

2対2は明らかに合コンだ。合コンには「出会い」目当ての必死感が漂い、誰かに見られたら「合コンしてた」と言われる危険性がある。合コンはメンバーの相性もあるし、勝敗がつきものだし、いろいろ面倒だ。

それに対し「3P飲み」は、言葉こそヤラシイが、むしろとても健全。**女子会に男子1人紛れてるだけの平和な感じ**があるし、あなたと友達と、友達の彼氏（または友達）的な、はたから見てツッコミどころがない状況だ（たまに芸能人の3P飲みを見かけるのは、そのためかもしれない）。

では、この3P飲みをどうセッティングするか？

1　気になる男に「今度ごはんでも」と言われたら「友達と2対1でもいい？」と返す。

普通なら「デートの誘いなのに友達も一緒？　なにそれ」と嫌われるのがオチだが、今向かうべきは安全なプチ浮気。そもそも既婚または彼氏あり女子に最初からツーショットを熱望する男は、心に余裕がないのでプチ浮気相手として避けたほうがいいかも。

2　気になる男に「友達も一緒でよかったらごはん行きませんか？」と誘ってみる。

また、男が1人飲みしてるのをSNSで見つけ「今から友達と行っていい？」とメールして合流する、でも。

あらかじめ友達には、これから会う彼のことを気に入ってる旨を伝えておく。座り方はできればカウンターで、男を真ん中に両サイドに女子。そうすると男子はまさに両手に花、左右の女子と会話ができて、モテモテ王様気分でテンション上がる。と言いつつ女子会的な空気もあるからぶっちゃけトークもいってみる。

「ヨーコちゃん、何カップ？」「Iカップ。ジョギングするとクーパー靭帯《じんたい》が切れておっぱいタレちゃうから走らないの」

「背中のぜい肉をこうやってグイグイかき集めると、背中のぜい肉が自分もおっぱい？って勘違いして、ある日、巨乳になるの」「へえ、そんな努力してるんだ？」

「女子も無性にHしたくなる時ってあるのよ」「マジで？　男と一緒だ」

などと、**明るい下ネタ**で盛り上がれる空気にもなっていい。

酔ってきたら「私たち、お腹のぜい肉フェチなの、これいいよね」とさり気なく体の一部に触れたり、もし彼がメガネしてたら「メガネ取るとどんな顔？」と、メガネを取り上げてみるといい。近眼メガネ男子はメガネを取られると無防備になり妙に興奮する。「見えないよ」と女子に顔を近づける言い訳ができ、これが**エアキス**となり「え〜私も〜」とやけに盛り上がる。

というように、冗談半分で女子2人で1人の男を取り合う的な会話が、さらに王様気分に拍車をかけ、心も財布の紐もゆるんで会計時も気持ち良く**ハライヤ・キャリー**（お支払い係）してくれる。

以上が、バレてもいい浮気、「3P飲み」。

これで十分「浮気」気分になれるビギナーはいいのだが、もっと欲しがるあなたへ……。

その醍醐《だいご》味《み》は帰りのタクシーにある。男子を真ん中に、3人で後部座席に密着しながら乗る。友達には前もって言ってあるので先に降りてもらい、2人きりに。そこからどうするかは当人たち次第だが、少なくとも、デートの約束をせずにデートができる。**仕方なくそうなった的な大義名分ありで、**浮気ができる。

そんな、ミックスナッツな3P飲み。ナッツも食べ過ぎたら太るように、ほどほどにしないと危険なので、ご注意を。

僕の浮気は車のトップセールスマンから学んだ

オリンピック競技としても知られる**「クレー射撃」**。空中に飛ぶ鳥に見立てたクレー（素焼きの皿。クレーピジョン＝粘土の鳩とも呼ぶ）を、散弾銃で撃ち落とすスポーツ競技なのだが、実は射撃に使う銃も弾も本物で、あの銃で鳥を撃ち落とすこともできる。

我々、浮気おじさんが日々行っている恋愛行動は、このクレー射撃にも似ていて、こんなたとえも申し訳ないのだが、女性のハートというクレーを撃つことで、人間本来の狩猟本能を、武者震いしながら試しているのかもしれない。もちろん既婚者の恋ゆえ、基本的には、あくまでスポーツ競技。誰にも迷惑かけないよう、正々堂々、スポーツマンシップにもっこり（笑）で恋をする。一線を超えない（Hしない）**〝クレーピジョン〟**だ。粘土の鳩（鳩は平和の象徴）。だから、撃っても平和を保てるのだとわかっている。

しかし何年かに1度、本物の鳥を撃ちたくなる衝動に駆られるのをお許しいただきたい。Hするかしないかについては**ここでは言及しないが、**まあ、「したくなる」。ならば、その散弾銃で、三段腹のメタボおじさんが、素敵な野鳥を落とす、その方法とは？

その一例を教えよう。

ここに、僕が20年近くお世話になっている車のトップセールスマンがいる。そのMさんは、腰も低く、会話が心地いい。事故った時、故障した時、買い換える時、とにかく機転がきいて、フットワークがいい。この人の売るクルマに一生乗り続けたい！　そう思わせてくれるMさんから、浮気おじさんは多くの「お客の心のつかみ方」を学んだ。

たとえば、僕が「ジャガーXK」というクルマに興味を示したとする。するとMさんは、日本の誰よりもXKに詳しいんじゃないかというぐらい詳しくなって数日後に僕の前に現れる。それはネットやカタログに出ている知識だけじゃない。何度か実際に乗ってみて、アクセルの重さを今僕が乗ってる車と比較しながら答えたり、ハンドルのヒーターがこれぐらい温かいと缶コーヒーで体感させてくれたり。微に入り細にわたり「あなた完全にXKオーナーでしょ」というぐらい詳しく、しかも、その車種が、いかに僕と合うかだけでなく、逆に僕に合わないとしたらどこか、まで教えてくれるのがより信頼できる。

これにピンときた僕は、**「マッキヨ店頭商品」**（P214）でつかんだ「客」とその後、親しくなってデートした時に応用することにした。

どんな男がいいかを知るためのデートしながら、おじさんはこんなことを言う。

「車のセールスマンでね、ダメな人はただ売れればいいと思ってる。でもトップセールスマンは違う。買った人の幸せを考える。そのために、まずその車のことを誰より知ろうと努力し、この車にどんな人が乗ったら喜ぶかを考えるから、ベストオーナーを引き合わせるのも上手いのよ」そんな車のたとえに、女子も〝便乗〟してくる。

「たしかに、私たちのスペックや特性も知らずに〝いい人紹介するね〟とか言って、ただの独身男を連れてくる人、いる～」

「そうそう、ああいう紹介者はダメセールスマン。成約になるわけがないわけでさ……」

　賢い女子は、このあたりで**オチを見抜いてる**だろうけど、かまわず僕は続ける。

「○○ちゃんが車、僕が車のセールスマン、紹介する男がお客さんだとした時、僕はどんな男がこの車に乗ったら幸せかを考えたいのよ。そうそう、優秀なトップセールスマンは実際にその車にまずは〝乗る〟んだよね」

「なんとなく**読めた**んですけど……」

「はい、運転してみないことにはこの車のベストオーナーを連れてくる自信がないんで、ってことで……**試乗させてください（笑）**」

「出た〜、マジですか、今日だけ試乗フェア実施中、って、オイッ！」

少しの笑いは起こる。だからと言って試乗に至るかどうかは、いささか謎だが……。


そういえば先日、彼氏のいない女子のこんなツイートを見つけた。

「新しい出会いを求めたり、新しい楽しいことを探してみたりするけれど、大事なのは今出会っている人を大切にしたり、今自分の置かれている状況を最大限楽しむことなんじゃないかな、なんて。そうすることで新しい出会いや楽しいこと以上に魅力的なものが意外とすぐ傍にあるんだってことに気づかされる」

そう、我々浮気おじさんのような、あなたの傍にいる、**笑ゥせぇるすまん**も大切にしよう。喪黒福造も言ってましたよね。

「取り扱う品物はココロ。人間の心でございます。この世は老いも若きも、男も女も、心の淋しい人ばかり。そんなみなさまの**心のスキマを、お埋めします**」と。

「完全無欠な人間などいません。どんな立派な人でも、**どこかに欠陥がある**のが、人間である証拠です」と。

そう、浮気してしまうのが人間である証拠、なんて言っても許されませんね（笑）。

「ドーーーーン！」

あのイチローがヒント！今後の展開を見極めるルーティーン

イチロー選手が、バッティングの構えに入る前の動きが、いつも同じであることは有名な話。スタンバイする場所であるネクストバッターズサークルからバッターボックスに入ったあと、バットを静止させて構えるまでには、実に**17種類にも及ぶ決まった動き、「パフォーマンス・ルーティーン」**があるという。

軽くバットを振る（3回）、バットを大きく回す（2回）、膝を開いて屈伸（2回）、膝を閉じて屈伸、股を開いて肩入れ（2回）、軽くバットを振る……などあり、最後、袖を引っ張るまで。この一連の動きは毎回まったく同じ、しかも同じスピードで行われるという。

スポーツにおけるルーティーンは、日常を思い出させ、平常心を取り戻し、たとえそれが緊張感あふれるアウェイであっても、いつものホームグラウンドでやっているようなリラックス感を生む。このホームグラウンド心理こそ、自信を蘇らせ、普段の実力を発揮できる状態を作る。

イチローが、こうしたルーティーンで結果を残しているというのなら、我々浮気おじさんにも、本当は人には教えたくないルーティーンがある。

合コンorデートで1軒目の店を出て次の店に行こうと、おじさんが女子とツーショットでタクシーに乗り込むところから一緒に乗って移動する間は、イチローでいうネクストバッターズサークルからバッターボックスのようなもの。イチローがバットを静止させるように、おじさんも**股間の**バットを静止させるまでには、実に17種類にも及ぶ決まった動き、つまり「パフォーマンス・ルーティーン」があるという。イチローならぬ、エッチ大好き**エッチロー**の、ルーティーンとも言えないルーティーンをご紹介しよう。

まずお店から通りに出てタクシーを止めるのだが、2人が車道に出た時、女子に対してエッチローは「車来るから危ない」という気持ちで、歩道側に女子を寄せるよう手を差し伸べる。と言いながらさりげなくタッチしている。

続いて、イチローが大きくバットを回すように、エッチローも大きく手を挙げ、タクシーを止める。止まったら、エッチローは先に乗りこみ、後部座席の奥に座る。あとから女子が乗り込むと、エッチローは、女子が持ってるハンドバッグをはたしてどこへ置くのか、イチローがスタジアムを見渡すようにチェックする。もしそのバッグが彼女とエッチローの間に壁のごとく置かれたら、これは拒否反応の証《あかし》。慌てて手を出さないほうがいい。初球打ちはしないことにする。

しかし、このバッグが膝の上、またはエッチローから最も遠い位置のドア側に置かれたのなら、これは**初球打ちヒット（チューできる）の兆し。**

「運転手さん、**なんかラジオの音楽**かけてもらっていいですか？」

エッチローにとって、密室の甘いトークが、見知らぬ運転手のおっさんに聞かれるのは自分にも相手にも動揺を招く。しかしラジオのノイズによって、ドライバーに聴かれないようにすれば、タクシーで2人っきり的な安心感、ホーム心理を生む。ラジオをやや大きめにすることで、彼女の耳元で囁く必然性も生まれる。

さあ、ここからだ。エッチローは言う。

「ちょっと右手、出して」

女子は手のひらを見せる場合もあれば、手の甲を見せる場合もある。

手のひらを見せてきたら、一瞬、手相を見る動きをしながら握手をし、手の甲を見せてきた場合は、ネイルをほめるコメントをしながら握手をする。いずれにせよ、まず握手をし、女子の気持ちを、さらなるホーム心理に。

ここで次は、女子の親指と人差し指の間の付け根の水かき的な部分を、**親指と人差し指で挟むようにマッサージする**（よくあるハンドマッサージの定番）。そこですかさず、いよいよ、エッチロー、最後のルーティーン。

「ちなみにこれ、どう？」と聞く。

女子がもし「気持ちいい」「上手」などポジティブなことを言えば、これはいい流れの証拠。初球打ち（チュー）成功確率は限りなく高い。逆に「フツー」とか「別に」とか「痛いっ！」とか、ネガティブな発言をしたら、初球打ちはやめる。

これは、エッチロー選手が、**合コンというメジャーリーグ**で、前人未到の10年連続200本安打を記録した経験（それはイチローだね。笑）から導き出した成功へのルーティーンで……。

潜在的に人は、好きでもない人からどんなに気持ちいいことをされても、「気持ちいい」とは言いたくない。電車でお尻を触ってきたのが彼氏だったら「気持ちいい」が、知らないおっさんだったら、同じ気持ちいい行為をされたとしても「気持ちいい」とは絶対言いたくない。

逆に「いいな」と思ってる男のマッサージだったら、たいして気持ち良くなくても「フツー」などとネガティブ発言するのはためらわれ、思わず「気持ちいい」と言うだろう。そう、タクシーで女子の手をマッサージしたときのリアクションは、今日この後の展開を如実に教えてくれる。

まさにイチローのルーティーンがそうであるように、いつもと同じ一連の流れをして感じる空気は**「今日は初球に手を出すな」**を教えてくれる。そして、**「初球、GO！」**の印は、イチローのルーティーン同様、「イケる」と思い込ませてくれるおまじないでもある。

アスリートは、「ダメかも」と思ったら負けであるように、エッチローも、行く時は自信を持って、バットを振る。

さらに、いい流れをつかんだエッチローは、「**ハグ占い**って知ってる?」とわけのわからないことを言い出し、タクシー内で、ハグをする。ハグのフィット感により、この後の風向きを読む。強ければGO！　弱ければステイ。

そしてエッチローは、ハグした時の感触で胸が何カップかを読み解き、妄想を膨らませ、〝バット〟を起こす。最後は思いっきりフルスイング。

しかし結局、**三振で終わる**ことも珍しくない……試合終了！（サイレン）

おわりに

「犬は3日飼えば3年恩を忘れない」オス犬の〝そそう〟を見守る気持ち

愛妻家として知られるお笑い芸人・土田晃之《てるゆき》さんが、

自分が浮気しない理由について、こう答えていました。

「浮気が原因で離婚したら、家も子供も取られて慰謝料と養育費で2億飛んでいくんですよ。2億の価値あるセックスってどんなんですか?」

飛んでいく金額に差こそあれ、たしかに浮気が原因で離婚にでもなったら、金銭的にも精神的にもそのダメージはデカい。

我々浮気おじさんも考えさせられました。

「2億の価値あるセックスって……ないね」と気づきました。

（気持ちだけは〝億千万の胸騒ぎジャパン〟だけどね、あはは）

はい、僕らはそんな度胸はございません。

百獣の王に立ち向かうローデシアン・リッジバック（ライオン狩り用の猟犬）のような、

どてらい根性はございません。

しょせん、気が小さい小型犬みたいなものですから。

ところでペットの犬って、「飼ってみたらイメージと違った」とかいう理由で、

簡単に捨てませんよね？

それと同じで、イメージと違ったぐらいで（浮気したぐらいで）、

僕らを捨てないでほしいのです。

オス犬の〝そそう〟を、一度は許していただきたいのです。

許すと調子に乗るバカ犬もいますが、「犬は3日飼えば3年恩を忘れない」と言います。

許してくれたご恩は忘れません……少なくとも3年は（笑）。

僕らだって「尾を振る犬は叩かれず」とわかっています。

シッポを振って、あなたについていきますので……

と言いながら他でもシッポ振ってたら叩いてください。
シッポついでに腰までポコポコ振ってたら思いきり蹴飛ばしてください（笑）。

そういえば、「女子の本音」というTwitterに、こんな言葉を見つけました。
「浮気する男性に魅力は感じない。浮気できない男性にも魅力は感じない。
浮気なんていつでもできるけど、決して浮気しないという男性に魅力を感じる」
ふーん。浮気しない男がそんなに偉いと言うならば、その女子にこの言葉を贈ろう。
「冒険のない人生はつまらない。男の浮気を恐れていては、
恋という冒険も、結婚という大冒険も、始まらない」

なーんて、まあ偉そうに語ってきましたが、僕が願うのはただ1つ。
本書によって、結婚したいと思う人が1人でも増え、
幸せな夫婦が1組でも多く生まれ、
逆に、離婚する夫婦が1組でも減ってくれたら本望です。
と言いながら、ある日、僕が離婚してたら笑ってください。

「説得力ねーなー」と。
〝ジッポを巻いて〟逃げさせていただきます（笑）。

最後に、浮気性な僕の心をつかみ叱咤《しった》激励しつつ、
プロデュース・編集して完成まで導いてくれた、著述家・編集者の石黒謙吾さん、
僕の浮気ネタを誰よりも笑ってくれた、ワニ・プラスの宮崎洋一さん、
また、身に余るステキな帯コメントを書いてくださった西川史子先生、
そして、これまで僕と関わったすべての〝レジャー仲間〟（笑）と、
本書の出版を許してくれた〝鬼〟こと妻・由美子に、深く深く感謝します。

さて、今夜も僕は、首のリードをはずし、飲みに出かけます。
もしどこかでサカリがついてたら、厳しく叱って帰宅させてください。
「ハウス！」と。

2016年9月　すずきB

すずきB

放送作家。1970年4月5日、静岡県生まれ。

早稲田大学在学中、雑誌『Hot-DogPRESS』のライターを経て、
90年「さんまのナンでもダービー」で放送作家デビュー。

「学校へ行こう!」「ウンナンのホントコ!」「内村プロデュース」

「桑田佳祐の音楽寅さん」「グータンヌーボ」

など多くのバラエティ番組を手がける。

現在、「秘密のケンミンSHOW」「『ぷっ』すま」「ヒルナンデス!」などを構成。

漫画『食べもの愛がハンパない!』の原案も担当した。

著書に『業界人がススめる魂の〈死ぬほど美味しい〉レストラン』、
電子書籍では『離婚は遺伝だでね』『鬼ツイートハニー』がある。

オンラインサロン「シナプス」では
「独身者はすぐ結婚したくなり既婚者は離婚をとどまるハイスクール」

のサロンオーナーを務める。

すずきBウェブサイト http://www.suzukib.net/

STAFF
文……すずきB
プロデュース・編集……石黒謙吾
イラストレーション……クリハラタカシ
デザイン……守先正（モリサキデザイン）
DTP……小田光美（オフィスメイプル）
制作……ブルー・オレンジ・スタジアム

JASRAC出 1610484-601

浮気とは「午前4時の赤信号」である。

幸せな結婚と恋愛のリアル法則

2016年10月11日　初版発行

著　者　すずきB
発行者　佐藤俊彦
発行所　株式会社ワニ・プラス
〒150-8482 東京都渋谷区恵比寿4-4-9 えびす大黒ビル7F
電話　03-5449-2171（編集）
発売元　株式会社ワニブックス
〒150-8482 東京都渋谷区恵比寿4-4-9 えびす大黒ビル
電話　03-5449-2711（代表）
印刷・製本所　中央精版印刷株式会社

ISBN 978-4-8470-9496-5